보편적 학습설계(UDL)와 함께하는 언러닝(Unlearning)

수업에 대한 생각과 실천의 변화!

Universal Design for Learning

UNLEARNING: CHANGING YOUR BELIEFS AND YOUR CLASSROOM WITH UDL

Allison Posey · Katie Novak 공저
박윤정 · 한경근 · 강은영 공역

학지사

역자 서문

    이 책은 '모든 학생은 학습할 수 있다'는 믿음으로 학생 중심 교육과정과 수업을 디자인(design)[1]하는 선생님과 함께합니다. 푸른 청춘의 예비교사들과도 함께합니다.

    교실에서 만나는 학생들은 저마다 다른 특성과 요구가 있습니다. 이를 모두 고려하여 교육과정적 통합을 이루는 일은 생각만큼 쉽지 않습니다. 보편적 학습설계(Universal Design for Learning: UDL)는 그러한 노력에 이론과 실제적 방법을 제시합니다. UDL은 교수 · 학습 상황에서 마주치는 학생 다양성을 포용하여 누구든 학습에 참여할 수 있는 수업을 디자인합니다. UDL은 교수자 중심의 전통적 교수법에서 벗어나 교수 · 학습에 대한 교사의 철학과 수업에 변화를 가져옵니다. 학생을 공부시키기보다는 교사와 학생이 함께 학습 공동체를 가꾸어 가는 교실을 만들어 갑니다.

---

[1] 역자 주: 설계라는 다소 도식적인 의미를 넘어 교수 · 학습에 영향을 주는 모든 요인을 종합적으로 고려하고 실천 과정에서 유연성을 담보한다는 뉘앙스로 설계, 계획 등과 혼용했다.

'언러닝(unlearning)'은 배운 것을 의도적으로 잊으며 새로운 시도를 하는 것을 의미합니다. 언러닝이란 말이 처음 등장한 때는 적잖은 시간을 거슬러 올라가지만, 특히 학습자 중심의 맞춤형 학습이 강조되면서 최근에 자주 사용되기 시작했습니다. 탈학습(脫學習), 리부트(reboot) 같은 용어로 번역되어 여러 분야에서도 사용됩니다. 언러닝은 교육에 대해, 그리고 수업에 있어서 기존 관행과 고정관념에 변화를 요구합니다. UDL은 언러닝을 실천하는 구체적인 전략이라고도 할 수 있습니다. UDL이 테크놀로지 활용 수업이나 통합교육 실천 방법이라는 제한적인 이해를 넘어 UDL을 통해 교수·학습에 대한 생각을 바꾸고 수업에서 실천하는 것이 곧 언러닝의 과정입니다. 이 책은 UDL과 함께하는 언러닝 여정에 여러분을 초대합니다.

이 책은 '도움이 필요한' 학생만을 위한 것이 아니라 '모든' 학생을 위한 교육과정 및 수업 설계 방안을 탐색하는 데 도움이 될 것입니다. UDL 개념 및 철학에 대한 쉬운 이해를 바탕으로 UDL 가이드라인이 어떻게 의도적으로 수업 설계가 되어 방해물을 예측하고 예방하는지 보여 줍니다. 학생들의 강점과 어려움에 대해서도 UDL 가이드라인의 9가지 측면에서 성찰해 보고 해결 방법을 브레인스토밍하며 활용 가능한 다양한 교육활동 자료와 양식을 담았습니다. 모든 장(chapter)에 걸쳐 언러닝 사이클(Unlearning Cycle) 5단계를 소개하며 모든 학습자의 참여와 성장을 지향하는 사고방식을 제안합니다. 모든 일이 그렇듯 변화를 위해서는 처음에는 상당한 집중이 필요하지만, 시간이 지남에 따라 UDL 사고와 실천 방식에 익숙해져 한결 수월하게 UDL을 실행할 수 있을 것입니다.

　이 책을 소개해 주신 한경근 교수님과 번역 작업에 흔쾌히 함께 해 주신 강은영 교수님 덕분에 번역서의 내용이 한결 더 깊어졌습니다. 책을 출간할 수 있도록 해 주신 학지사 김진환 대표님과 영업부 한승희 부장님, 그리고 편집 과정에서 꼼꼼하게 신경 써 주신 편집부 정은혜 과장님과 그 외 직원 분들께도 감사 인사를 드립니다.

역자 대표

박윤정

레몬주스 3티스푼

잠시 동안, 당신의 교직 경력 중 소개받은 많은 혁신 전문성 개발에서 공개되고 다시는 들어 본 적 없던 전략, 프레임워크, 교육과정을 고려해 보자. 당신은 그것들을 알고 있다. 그중 얼마나 많은 것이 실제로 당신의 교수법을 변화시켰는가?

현재 우리의 많은 교육의 실제는 잘 돌아가고 새로운 세대의 학생들이 우리의 공동체에서 번창하도록 영감을 준다. 그러나 여전히 학교에서 성공하지 못하는 학생들이 너무 많다. National Center for Education Statistics에 따르면, 2015년 능숙한 성취 수준 이상을 수행하는 4학년 학생의 비율은 36%였다. 연구에 따르면, 설문에 응답한 66%의 학생은 모든 수업에서 또는 적어도 매일 학교에서 지루하다고 답했다. 이 학생들 중 98%는 배우는 자료가 지루함의 주원인이라고 주장했고, 81%는 교과 자료가 흥미롭지 않다고 생각했으며, 학생 3명 중 2명이 자료의 관련성이 부족하다고 했다(Yazzie-Mintz, 2010). 우리가 모든 학생에게 다가가고 참여시키도록 우리의 교수법을 변화하려면 무엇이 필요할까? 그렇게 하려면 얼마나 걸릴까? 우리는 얼마나 변해야 할까?

Everett Rogers(1962)가 공유한 위대한 Lancaster 선장의 이야기를 생각해 보자. 항해가 호황을 누리던 1400년대 초반에 그의 배에 탄 수많은 사람이 우리가 현재 괴혈병으로 알고 있는 질병으로 사망했다. 다른 많은 선원도 같은 죽음을 겪었다.

우리는 의사들과 선장들이 그들의 선원을 구할 비약(elixir)을 찾기 위해 서둘렀을 것이라고 상상할 수 있다. 사례 연구에서 Everett은 Lancaster 선장이 괴혈병 치료를 어떻게 하게 되었는지 설명하진 않지만, 그는 해냈다. 그는 그것을 시험해 보고자 연구를 시작했다. Lancaster는 탐사를 위해 네 척의 배를 가지고 있었고, 치료를 위해 한 그룹을 선택할 수 있는 기회를 가졌다. 그 배에 탄 사람들은 운이 좋게도 질병을 피하기 위해 하루에 3티스푼의 레몬주스를 섭취했다. 모든 사람이 여행에서 살아남았다.

다른 세 척의 배, 통제선과 선원들에게는 레몬주스가 제공되지 않았다. 여행의 절반 즈음에 그들은 절반 이상이 사망했다. 100명이 나갔다. 50명을 초과했다. 인명 손실이 너무 심해 치료선이 구조에 나서야 했다. 레몬주스로 무장한 이 선원들은 남은 배를 집으로 데려오기 위해 인력을 투입해야 했다.

이 혁신의 논리를 생각해 보라. 당신의 모든 선원이 생존하기를 원한다면, 당신은 레몬주스를 배에 가지고 온다. 많은 사람이 죽기를 바란다면, 그렇게 하지 않는다. 당연히 Lancaster 선장은 이 발견을 축하하고 그가 아는 모든 사람과 공유했다. 슬프게도, 그것은 잡히지 않았다. 실제 혁신적인 선원 일부가 Lancaster의 발견을 따라 했음에도 불구하고, 영국 해군이 치료법을 승인하는 데 200년이 걸렸다. 1795년부터 1815년 사이에 160만 갤런의 레몬주스가 괴혈병을 근절했다(Tannahill, 1989).

교육 분야에서 우리만의 실험이 진행되고 있다. 이 장의 시작에서 언급했던 통계 중 하나를 생각해 보면, 한 반에 100명의 학생 중 단지 36명만 학년 수준의 읽기를 배울 것이다. 학교 단위의 다른 통계를 살펴보면, 미국의 장애학생 100명 중 단지 61명만이 비장애 또래들과 함께 학교 수업일의 80%를 교육받는다.

우리가 당신에게 학습을 위한 3티스푼: UDL이 있다고 말하면 어떨까. UDL은 배에 있는 레몬주스와 같다. UDL은 우리 교실의 모든 학생에게 다가가고 참여시키기 위한 교수·학습에 접근하는 방식이다. 학교 또는 개별 교사가 UDL을 채택하고 실행하는 지역에 거주하는 학생들은 치료선에 있는 것과 같다. 그들은 레몬주스를 이용할 수 있다. 다른 모든 사람과 우리는 항해를 시작한다. 그러나 우리는 학습 환경이 변화하는 데 200년이 걸리는 것은 원하지 않는다.

교사로서 우리는 여러 주에서 일했지만, 공통의 목표를 공유했다. 우리는 모든 학생에게 다가갈 수 있다고 믿었다. 우리는 모든 학생이 자신들의 학습 여정을 주도할 수 있도록 격려받을 만하다고 믿었다. 그리고 우리는 학생들에게 높은 기대를 가졌다. 우리는 이것을 어떻게 하는지 꼭 알지는 못했고, 단지 우리가 원한다는 것은 알았다. 하지만 우리는 가르치는 것이 얼마나 자주 신화 속의 평균 학습자를 위해 설계된 교육과정을 따르는 것을 의미하는지 또한 경험했다. 우리의 교실이 모든 학생에게 적합하지 않다는 것을 알았지만, 우리가 가진 다른 선택이 무엇인지 항상 알지는 못했다. 이것이 당신에게도 와닿는가?

우주는 모두를 위한 학습 환경을 설계하도록 우리를 도울 수 있는 프레임워크로서 UDL에 대해 배우도록 이끌었다. 그 당시 우리는 모든 학생에게 다가가고 참여시키는 힘과 가능성을 보았다. 우리에게 도전은 우리가 가르치는 방법에 대하여 배운 대부분을 놓아 버리는 것을 의미하는 변화였다.

우리는 전 세계의 모든 분야, 연령, 상황의 교육자들과 협력함으로써 교사들이 학생들에게 가장 좋은 것을 원하는 것을 알고 모든 학습자에게 다가가기 위해 많은 노력을 기울이고 있다는 사실을 듣는다. 우리는 또한 교실에서 상당한 범위의 여러 학생을 가르치는 것이 얼마나 어려운지에 대해 지속적으로 듣는다. UDL 이면에 있는 이론은 모든 학생에게 다가가기 위한 방법으로 반향을 일으키지만, 종종 UDL의 실행이 도전으로 나타난다. 교육자들은 알기를 원한다. 첫 번째 단계는 무엇인지, UDL은 어떤 모습인지, 내가 올바르게 하고 있는지 어떻게 알 수 있으며, 잘 작동하는지 알 수 있는가? 만약 UDL이 모든 학생의 요구를 충족하도록 교수·학습 환경을 변화시킬 수 있는 '레몬주스'라면, 왜 이미 전 세계의 모든 교육자가 UDL을 적용하고 있지는 않은가?

UDL을 적용하고 엄청난 성공을 경험한 동료들이 있다: 졸업률 증가, 주(state) 단위 표준화 시험에서 모든 학생 집단이 10배 향상,

AP 시험에 응시한 학생 수의 증가, 특수교육에의 의뢰 및 정학의 감소. UDL의 결과로서 이와 같은 놀라운 변화를 보고 들을 때, 우리는 Lancaster 선장이 아마도 UDL을 모든 사람과 공유하고 싶어했을 거라는 느낌이 든다.

그러나 우리는 때론 영국 정부와 같이 교사들이 UDL에 대해 배우고 교수 · 학습 환경을 바꿀 수 있는 UDL의 힘을 믿어도, 여전히 많은 사람이 변화하지 않는다는 것도 발견했다. 우리는 이것이 교육자들이 변화를 원하지 않기 때문이 아니라, 아마도 변화를 위한 강력한 이유에 대해 생각하지 않거나 실천할 수 있는 첫 번째 단계를 반드시 알지 못하기 때문일 수 있다고 생각한다. 우리는 UDL을 가르치고 모델링하기 위해 많은 다양한 접근을 시도하면서 수년 동안 이 딜레마와 씨름해 왔다. 우리는 매 순간마다 차별화 교수를 하지 않고 모든 학생에게 다가갈 수 있는 방법으로 UDL의 이면에 있는 모든 연구와 뇌 과학, 최선의 실제에 대해 이해하고, 불편한 진실이지만 문제가 있음을 알았다. 우리를 포함해 대부분의 교사는 새로운 학습을 통합하는 데 어려움을 겪고 있다.

왜 우리가 열심히 하고 있는 것을 바꾸는가? 우리는 가르침에 대해 어떻게 생각하는지와 학급을 관리하는 방법과 교육과정을 개발하는 방법을 바꾸려면, 언런(unlearn)해야 한다는 것을 이해하게 되었다. 그렇다, 이미 배워 익숙해진 것을 고의적으로 잊으려고 하라(unlearn의 사전적 의미 반영). 학습에 대하여 오랜 시간을 소비해 온 전문 분야에서, 언러닝의 과정은 실제 변화가 있기 전에 일어나야 하는 것이다.

잠시만, 무엇을?

이 책을 창밖으로 또는 벽에 던지고 싶은 유혹을 물리치라. 우리의 말을 들어 보라. 언러닝 과정은 UDL 전문가라고 불리는 우리에게도 매우 혁신적인 경험이었기 때문에, 이 여정에 여러분을 초대하고 싶다. 이 여정은 학생들이 접근할 수 있도록 학습 경험을 설계하는 길을 당신에게 안내할 수 있을 뿐만 아니라, 학생들이 보다 자율적이고 자기주도적으로 학습할 수 있도록 도전하게 한다. 우리는 UDL을 적용했을 때 학습자 주도성(student agency)이 증가하고 참여도가 급증하는 것을 보았다. 우리는 그 길에서 학생들의 학습의 여정을 축하하며 UDL에 의해 변화한 교사들을 관찰했다. 하지만 이것은 단지 UDL에 대한 책만은 아니다. 이 책은 우리가 모든 학생의 요구를 충족시키지 못하고 있다는 사실과 우리가 할 수 있다는 사실을 인정한다.

학습 과정의 한 부분으로 언러닝 과정이 잘 정리되어 있다. 이 책의 독창성은 UDL을 사용하여 언러닝 과정을 지원할 것이라는 점이다. UDL은 예상되는 학생들의 다양성(variability)을 지원하고, 우리가 목표 지향적이고 참여의 우선순위를 정하도록 도우며, 모든 개인이 동기부여되고 지식이 풍부하며 전략적인 전문 학습자(expert learner)가 되는 방법을 알도록 학습 환경의 설계를 안내하는 도구이다. 우리는 이 프로세스를 사용하여 교육자들이 교실에서 다양한 범위의 학생들을 지원하기 위해 늘 사용해 왔던 기술 중 일부를 언런하도록 안내할 것이다.

우리의 교실과 시스템이 모든 개별 학생을 위해 작동했다면, 현재의 관행을 바꾸거나 언런할 필요가 없다. 그러나 연구와 우리의 개인적 경험 둘 다에서 시스템은 너무 많은 사람에게 작동하지 않는다는 것을 알았다. 우리는 UDL에 대해 배우기 전에 이것을 알고 있었지만, 그것에 대해 우리가 할 수 있는 일이 별로 없는 것 같았다. 우리가 교실에 내재된 장벽을 인식했을 때, 변화가 절박하다는 강력한 느낌이 들었다. 장벽을 제거하고 모든 학생을 참여시키는 것이 우리에게 달려 있음을 인식했다. 우리는 심지어 학교에서 성공한 것 같은 많은 학생이 궁금해지기 시작했다. 얼마나 많은 학생이 일과를 따르고 학습에 완전히 투자하지 않았는가? 그리고 우리는 무엇을 할 수 있는가? 솔직히 말하면, 때때로 부담스럽게 느껴졌다. 우리가 각 학생이 교실에서 성장하기를 원하고 믿었던 만큼, 우리는 각자 포기하는 것이 훨씬 쉬울 것 같다고 느끼는 순간들도 있었다. 그리고 때로는 포기했고, 교무실에 앉아 울 것만 같은 기분이 들기도 했다.

우리는 전국적으로 교사들이 학교에 관심이 없는 학생, 학습을 지원하지 않는 부모, 또는 우리가 다룰 수 있는 자격이 없는 정신질환에 이르기까지 직면하고 있는 문제들에 대해 듣는다. 우리는 때때로 시스템을 비난하고 자원과 전문성 개발 및 행정적 지원의 부족을 한탄한다. 이것들은 실제 장벽이다. 우리는 여러분이 그것을 마주하고 있다는 것을 안다. 그리고 우리는 당신을 바라본다. 하지만 이런 장벽에도 불구하고 우리는 여전히 학생들에게 영감을 주고 동기를 부여하며, 학생들이 우리를 만났을 때보다 더 나은 환경에 있을 수 있다는 것을 아는 것이 중요하다. 그것이 우리의 소명이며, 우리가 하는 모든 일의 중심임을 명심해야 한다. 비효율적인 관행을 의도적으로 잊으려 하면, 우리는 당신이 되고자 원하는 교사, 즉 학생들과 연결되고, 교육적 움직임에 의도적이며, 학생들이 스스로 자신의 학습에 대한 건축가가 되도록 영감을 불어넣어 주는 교사에 더 가까워질 것이라고 주장한다. 그러나 이러한 변화는 UDL에 대해 학습한 결과라기보다는 오히려 비효율적인 전통적인 관행을 언러닝한 결과이다.

흥미롭게도 언러닝에 대한 가장 큰 장벽은 우리들의 학교 경험, 대학 및 교원 양성 프로그램, 대학원, 그리고 전문성 개발을 통해 받은 교육일 수 있다. 이러한 경험으로부터 우리는 교수·학습에 대해 많이 알고 있지만, 일부는 더 이상 관련이 없다. 예를 들어, 대학원과 전문가 교육을 통해 우리는 '실제로 검증된' 쓰기 기술, 즉 5단락 에세이를 배웠다.

먼저, 명확히 하자면 5단락 에세이와 같이 4단락, 17단락, 22단락 에세이들도 있다. 수준과 자신감 있는 작가들은 단락의 수가 과제에 대한 글쓰기가 적절하게 구성되었는지 여부만큼 중요하지 않다는 것을 이해한다. 하지만 교육자로서 우리는 종종 학생들에게 글쓰기 방법을 배우도록 가르치기 위한 '실제로 검증된' 1가지 공식인 최선의 실제로서 이 방법을 사용하도록 가르치고 있다.

대학 및 취업 준비 표준은 단락의 수를 계산하는 것에서 벗어나 대신, 과제와 의도된 청중, 글쓰기의 목적에 중점을 두고 학생들을 가르칠 것을 요구한다. 때때로 5개 단락을 사용한 촉진을 다루는 것이 적절하지만, 에세이가 스크립트 형식이거나 단락을 계산해야 한다는 규칙은 없다. 그러나 둘 다 최선의 실제가 되어야 하기 때문에 많은 학생에게 5단락 에세이를 부여한 것에 대해 책임이 있다.

요리처럼 글쓰기를 가르치는 것에 대해 생각했다면 어땠을까? 예측 가능한 공식을 아웃라인으로 보여 주는 레시피 또는 글쓰기 교수로 시작하지만 학생들이 그러한 템플릿으로부터 벗어나도록 비계를 제공하는 것이 중요하다. 훌륭한 요리사가 레시피를 따르지 않는 것처럼, 훌륭한 작가는 공식을 따르지 않는다. 그들은 아마도 마음속에 레시피를 간직하고 있겠지만, 자신만의 스타일을 사용하여 마법을 만든다. 하지만 많은 교사는 모든 학생이 이 접근으로 도움을 받는 것이 아니더라도 5단락 에세이를 가르치는 것에서 좀처럼 (우리 둘 다 시간이 좀 걸렸다) 멀어지지 않는다.

간단히 말해 오늘날 우리가 모든 학생을 가르치는 방법을 배우고 싶다면, 더 이상 효과적이지 않은 많은 그러한 교수법을 언러닝 해야 한다. 당신의 모든 최선의 실제를 버릴 필요가 있음을 의미하지는 않지만, 이 책에서 벗어나 어떻게 가르칠지, 왜 가르치는지, 그리고 새로운 방식으로 가르칠 수 있는 것에 대해 생각해 보게 될 것이다.

이 책에서 우리는 학생이 주도하고 참여적이며 철저한 학습 경험을 개발하기 위해 일어날 수 있는 변화를 설명하고, UDL은 이를 달성하기 위한 당신의 여정을 지원하는 도구가 될 수 있다(UDL에 대한 좀 더 자세한 내용은 부록 A 참조). 언러닝 사이클(Unlearning Cycle)은 학생의 학습에 대해 작동하지 않을 수 있는 일부분의 습관과 일과를 조정하는 데 활용할 수 있다. 우리는 UDL을 적용하려고 애쓰는 교육자들의 실제를 지원하기 위해 언러닝 사이클을 개발했다. 이러한 것들이 반드시 선형적으로 나타나는 것은 아님을 언급하는 게 중요하지만, 다음과 같은 필수적인 요소들을 포함하고 있다.

언러닝 사이클

① 다양성을 이해하라.
② 목표를 알라.
③ 늘 사용해 왔던 기술을 변화시키라.
④ 참여를 우선시하라.
⑤ 전문적 학습을 발판으로 삼으라.

우리는 당신의 언러닝 사이클을 지원하도록 돕는 새로운 도구와 기술을 통합하고, 학습 두뇌에 대해 현재 알고 있는 것과 일치하는 가르침에 대한 새로운 사고방식을 제시한다. 이 책은 교사와 그들을 지원하는 전문가를 위한 것이다. UDL에 관심이 있지만 모든 학습자의 성과를 향상하는 실제를 변화시키지 못한 교육자를 위한 것이다.

교육자로서 당신은 이 과정을 개별적으로, 전문 학습 공동체에서 팀으로, 또는 학교나 학군 단위로도 진행할 수 있다. 우리는 당신에게 전문성 개발 요구가 쏟아지고 있다는 것을 알고 있으며, 이 책이 모든 학습자에게 다가갈 뿐만 아니라 의미 있고 도전적인 학습을 위해 의도적으로 설계하도록 교육의 실제를 혁신할 수 있는 쉽고 효율적이며 숙고하는 방법을 제공하기를 바란다.

　이 책에서 우리는 당신에게 2가지 방법으로 언러닝 사이클을 안내할 것이다. 첫째, 당신 자신에 대해, 그리고 교수법에 대해 생각하도록 초대한다. 언러닝 과정이 교실 수업에만 적용되는 것이 아니라 육아, 요리, 운동, 리더십 등 당신이 지명하는 것에 일반화될 수 있기 때문에, 이러한 자기 평가와 성찰은 언러닝 과정을 이해하는 데 매우 중요하다. 전문적인 책을 집어 들고 당신이 내일 실행할 수 있는 구체적인 단계를 원하는 것은 유혹이다. 걱정하지 말라. 곧 가능할 것이다. 그러나 먼저 우리는 가르치고 배우는 것에

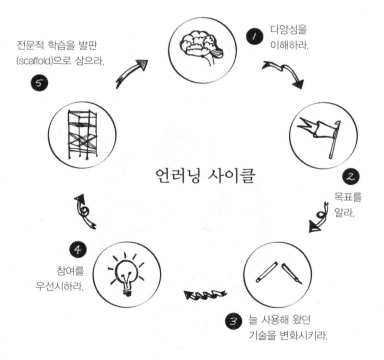

전문적 학습을 발판
(scaffold)으로 삼으라.

5

1 다양성을
이해하라.

언러닝 사이클

2

목표를
알라.

4

참여를
우선시하라.

3 늘 사용해 왔던
기술을 변화시키라.

대해 우리가 배웠던 모든 것을 생각하고, 그것을 의도적으로 잊는 (unlearn) 시간을 가져야 한다. 자기 평가와 성찰하는 시간을 갖는 것은 학습과 개인화된 목표 설정에 매우 중요하다. 독자인 당신부터 시작하는 것이 이 과정에서 매우 중요하다. 이 과정을 통해 당신은 언러닝의 힘에 대하여 이해하고 왜 변화가 어려운지 더욱 잘 알게 될 것이다. 그리고 가장 중요하게 여러분은 당신의 관행을 변화시키는 데 필요한 사고방식에 적응할 수 있는 모든 도구를 갖게 될 것이다.

성찰하는 과정을 거치게 되면, 드디어 당신은 실행할 준비가 된 것이다! UDL을 적용하기 위한 전략과 필요한 단계에 대해 알아볼

것이다. 우리는 종종 학생들이 성공하는 것을 가로막는 장애물을 줄이기 위한 수업을 설계하는 방법에 대해 논의할 것이다. 우리는 전문적 학습을 촉진하기 위해 학생들과 협력하는 방법에 대한 전략을 제공할 것이다. 아무리 유혹적일지라도 적용부터 시작하면 당신이 원하는 결과를 얻을 수 없을 것이다. 우리는 시스템을 혁신하기 위해 먼저 우리 자신부터 변화해야 한다. 더욱 효과적인 실제를 개발할 수 있는 능력을 갖추기 위해 먼저 오래된 관행을 풀어야 한다. 언러닝 과정은 반성, 파괴, 변화의 한 과정이기도 하지만 또한 배움과 성장의 과정이기도 하다.

당신이 이 책을 읽으면서 성찰을 위해 제공된 질문들에 대해 숙고하거나, 전문 학습 공동체의 동료들과 함께 아이디어를 논의하거나, 전 세계의 교육자들과 공유할 블로그를 작성하는 것도 고려해 보라(#UDLchat 및 #UDLUnlearning 해시태그를 잊지 말라). 스케치

노트 또는 생각 일기장이나 각 장의 맨 마지막 공란에 끄적여 보면서, 당신의 교수법에 대해 스스로 질문해 볼 수도 있다. 이 책을 당신의 UDL 혁신, 그리고 언러닝을 위한 대화식 가이드로 생각하라.

　우리와 이 여정을 함께해 주어 감사하다. 우리 학생들은 우리의 노력에 절대적인 가치가 있다.

이 책에 빠져들기 전에, 여러분이 새로운 방식으로 무엇인가를 경험했을 때를 잠시 생각해 보라. 예를 들어, Lyft 또는 Uber를 처음 사용했거나, Siri를 사용했거나, Fitbit이나 Apple Watch를 처음 본 경우를 떠올려 보자.

• 이 새로운 작업 방식에 대한 초기 경험/인상은 어떠했는가?
• 그 변화의 득과 실은 무엇이었는가?
• 오래된 경험의 어떤 부분을 여전히 유지하고 싶은가?

당신의 생각을 낙서해 보라

감사의 말

Allison으로부터

이 책을 쓰게 된 계기는 대학원에 다니던 중 Tina Grotzer, 제 교수님께서 학습과 언러닝(unlearning), 그리고 개념의 전환에 대해 더 깊이 고찰해 보도록 권하셨기 때문입니다. 특히 왜 우리는 변해야 하는 걸 알면서도 변화가 어려운지에 대해 생각해 보라 하셨지요.

현재 교사들과 관리자들과 함께 일을 하면서, 이 어려움을 직접 목격했습니다. 우리는 많은 학생에게 학교가 사실 효과적이지 않다는 걸 압니다만, 가르침과 학교 방침을 바꾸기란 어렵지요. CAST에서 일하며 본 것과 Rachel Currie-Rubin, Niel Albero, Jayne Bishoff 등 대단한 동료들과의 협업을 통해 개념 전환, 교수 실제, 그리고 UDL에 대해 깊이 생각하기 시작했습니다. Tina, Rachel, Niel, 그리고 Jayne에게 이 책을 위한 씨앗을 뿌려 주어 고맙다는 말을 전합니다.

저는 UDL 콘퍼런스에서 Katie Novak 양이 레몬주스 3티스푼에 대해 강연하는 걸 들었고, 그 즉시 함께 우리의 이론에 대한 회의를 시작했습니다. Bryan Dean, 당신에게 우리의 생각의 틀을 잡아 주어 고맙다는 말을 전합니다. 당신은 제가 아는 학생대표 중 제일 열정적인 대변자입니다. Katie, 협업해 주어 고맙다는 말을 전합니다. 우리가 전화나 문자를 할 때마다, 당신의 지식의 깊이에 감탄합니다. 당신의 에너지와 열정은 많은 이의 영감이 됩니다. 저 또한 그 많은 이의 일원임이 영광입니다. 앞으로도 수년간의 협업을 위해 힘차게 나아갑시다.

David Gordon, 당신의 파트너십에 고맙다는 말을 전합니다. 우리의 연구를 출판해 주어서뿐만 아니라, 제 커리어 초반 CAST에서 글 쓰는 것을 지지해 주어서요. 당신은 UDL 분야에서 많은 사람이 글을 쓰게 물심양면 도와주었고, 학습에는 한계가 없다는 것을 보여 주었지요. Billie Fitzpatrick, 당신의 통찰력과 조언 또한 제가 한층 더 깊은 학습과 글을 쓰도록 해 주었습니다. 고맙습니다.

더욱더 발전해 나가는 UDL 분야의 리더분들께, David Rose, Anne Meyer, Grace Meo, Skip Stahl 등 학습에 불필요한 장벽들을 줄이고자 하는 여러 사람으로부터 영감을 받은 움직임을 지속해 주어 고맙다는 말을 전합니다. 우리의 교육 시스템과 교육과정을 더욱더 평등하고, 모든 이에게 도전이 되고, 의미가 있고, 깊은 지식이 되게끔 만드는 게 우리가 미래 후손들을 위해 할 수 있는 일이겠지요.

저의 가족에게 고맙다는 말을 전합니다. 바쁜 스케줄 가운데 새로운 일과와 변화, 그리고 축하의 순간들을 함께해 주어 고맙습니다. 우리가 산 정상에 있든, 디저트를 먹고 있든, 혹은 그저 노을을 바라보고 있든, 당신들은 나의 뿌리입니다. Griffin과 Ella, 너희는 내가 매일 배우고 또 언러닝(unlearning)할 수 있도록, 그리하여 한 인간으로서, 그리고 엄마로서 성장하게 만들어 준단다. 사랑한다.

Katie로부터

이 책은 제가 쓴 책 중에 행운의 숫자 7, 일곱 번째 책이며, Allison Posey와 함께 쓰게 되어 정말 행운입니다. UDL 커뮤니티는 저를 너무나도 환영해 주었고, Allison처럼 대단하고 멋진 사람들과 함께 일할 수 있어 정말 감사합니다. AP(Allison Posey), 당신은 제 멘토이자, 친구, 그리고 대단한 동반자입니다. 우리가 앞으로도 함께 글을 쓸 수 있었으면 좋겠네요.

Bryan Dean, 이 책의 영감을 주고 이 책이 출판될 때까지 함께 해 주어 고맙다는 말을 전합니다. 우리가 시작하는 데 있어 당신이 큰 역할을 해 주었고, 우리를 항상 멋진 사람으로 생각해 줘서 고맙습니다. 당신이 없었더라면 우리는 우리 자신을 '힙'하다고 생각할 수 없었겠지요. 다음 CAST 출판 목록에 당신이 꼭 있었으면 좋겠습니다. 이 세상엔 UDL과 Hype Cycle의 협업이 필요하니까요.

David Gordon과 Billie Fitzpatrick에게 이 세상 최고의 편집자들이 되어 줘서 고맙다는 말을 전합니다. 저에게 "이 책 괜찮네······ 4화부터는 말이야. 그 전은 다 지워 버려도 되겠는 걸."이라고 말해 준 것조차 저를 그만큼 존중해서라는 걸 알기에 고맙습니다. 건설적인 비판을 해 주고, 글쓴이의 뮤즈가 되어 주는 말의 귀재인 친구들이 있다는 건 정말 큰 축복이지요.

UDL 동료들 중에 정말 많은 이가 저의 고찰을 도와주었고 저로 하여금 더 나은 사람이 되게끔 해 주었습니다. 저를 북돋아 주고 영감을 준 사람들, Sean Bracken, Mirko Chardin, George Couros, Joni Degner, Tesha Fritzgerald, Luis Perez, Kristan Rodriguez, Zach Smith, Mike Woodlock 당신들입니다. 당신들이 없었더라면 전 무엇을 했을지 모르겠네요.

엘-트레인(L-Train), 소위 왕언니라고도 불리는 Laura Chesson 에게: 제 별난 점과 말도 안 되는 아이디어와 다람쥐보다도 짧은 집중력을 받아 주어 고맙습니다. 당신과 함께, 그리고 당신을 위해 일하는 게 정말 좋았고, 특히 당신의 형형색색의 은유법이 좋았지요.

항상 사랑과 감사를 제 삶의 원동력이 되는 사람들에게 바칩니다: Lon, Torin, Aylin, Brec, Boden. Lon, 당신의 아내라는 건 이 세상에서 제일 멋진 여행 같아요. 그 어떤 것과도 바꾸지 않을 겁니다. 전 아직도 Match.com(온라인 데이팅 앱)이 그들의 광고에 우리를 섭외해야 한다고 생각해요. 그 누구라도 우리를 보면 둘 중에 제가 더 재밌는 사람이란 건 뻔히 알겠지요. 그리고 나의 아이들, 나의 것이 아니었다면 소원을 빌어서라도 나의 아이들이 되게 했을 거야. 너희를 제일 사랑한다.

차례

제6장 **실행하라 • 131**

UNLEARNING

제**1**장 사과와 뷔페

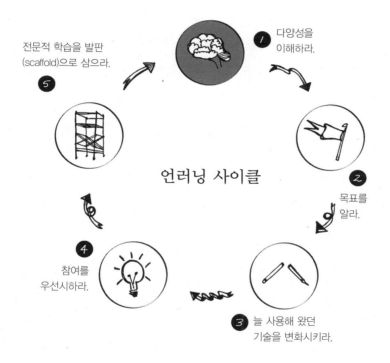

전문적 학습을 발판
(scaffold)으로 삼으라.

⑤

다양성을
이해하라.

1

언러닝 사이클

2

목표를
알라.

④

참여를
우선시하라.

3 늘 사용해 왔던
기술을 변화시키라.

가정(Assumptions), 사과(Apples), 그리고 우리의
사고방식

빛이 없으면 색도 없다. 이것은 과학적 사실이다. 사과가 빨간색
으로 보이는 이유는 빛의 파장이 사과에서 반사되어 눈의 원추형

광수용체로 들어오기 때문이다. 빛 반사를 통해 '붉다'는 것을 지각한다. '빛이 없으면 색이 없다.'라는 말은 문자 그대로 눈의 원추체에 아무것도 반사되지 않으면 아무것도 지각할 수 없다는 뜻이다. 즉, 어떤 전기 신호도 뇌로 전달되지 않고 어떠한 자극도 발생하지 않는다. 하지만 절대 빛이 들지 않는 완전히 어두운 방에서 사과를 마주한 사람들은 과학적 사실에도 불구하고 사과가 빨간색으로 보인다고 주장한다. 그들은 빛이 없는 상황에서는 색깔이 있을 수 없다는 과학적 사실을 배웠음에도 불구하고 여전히 색을 본다고 주장한다! "내 눈이 아직 어둠에 적응하지 못했지만 여전히 붉은색을 볼 수 있다."거나 "아주 작은 빛이 어떤 이유에서인지 방에 들어온 것 같다."와 같은 이유를 들면서 말이다. 그들은 사과를 빨간색으로 보는 것이 불가능한 상황에도 불구하고 여전히 사과를 빨간색으로 본다. 왜 이럴까(Grotzer, 2012)?

우리의 일상적인 경험들은 주변 세상을 지각하고 이해하며 관여하는 데 매우 중요한 기능을 한다. 그러한 경험들은 우리가 배우는 방법은 물론 어떤 행동을 할 것인지 말 것인지에 영향을 줄 수 있다. 우리는 경험상 사과가 빨간색이라는 것을 배웠다(Granny Smith 종의 사과는 초록색이기도 하지만). 우리는 사과를 고르고, 먹고, 깎는 법을 배웠다. 우리는 사과에 레몬즙을 조금 더하면 갈변을 늦출 수 있다는 사실도 알고 있다.

신경학적 설명에 따르면 사과를 볼 때 빛의 광자들이 사과에서 반사되고 그것이 우리 눈의 원추형 광수용체를 자극한다. 그 결과로 발생된 신호가 시신경을 통해 뇌의 후두엽을 포함한 여러 뇌 네트워크로 보내진다. 여기서 색과 형태에 민감한 네트워크는 사과의 붉음과 둥근 모양을 인지하고, 측두엽 기억 센터들은 이 물체를 '사과'라고 부른다고 기억한다. 전두엽 네트워크는 우리가 사과를 입에 물고 먹기 위해 계획을 세울 수 있다는 것을 이해한다. 우리의 모든 경험과 사과와의 상호작용으로부터 우리는 사과를 아는 신경망을 구축한다. 일반적으로, 사과와 관련된 우리 경험은 광원을 포함한다(완벽하게 빛이 사라진 밤일지언정). 사과가 빨간색이라는 우리의 경험은 너무 강해서 말 그대로 빨간색이 없을 때에도 우리는 여전히 빨간색을 본다고 주장한다. 그렇다면 사과는 빨갛다는 사실을 언러닝하려면 무엇이 필요할까?

　새로운 것을 배우거나 바꾸는 일은 쉽지 않다. 이해를 위한 새로운 모델을 만들고 우리가 지각하는 것과 행동하는 방식을 바꾸는 일은 에너지와 신중한 노력을 요구한다. 새로운 학습은 끈기, 즉 오래된 설명을 바꾸고 새로운 것을 시도하는 의지가 있어야 한다. 편안한 영역에 안주하지 않게 하는 것이다. 무언가를 더 잘 알려 하고 변화하려 할 때 우리는 여전히 기존의 가정과 믿음에 기대는 경향이 있다. 오래된 습관과 루틴이 이제 더 이상 진실이 아님을 알고 있을 때마저도 이를 고수하기도 한다. 우리가 빛과 색이 어떻게 작용하는지에 대해 배웠음에도 완전히 어두운 방에서 빨간 사과를 본다고 말하는 것이 그 한 예이다.

　우리의 수업 루틴과 방식도 바꾸기가 정말 어려울 수 있다. 최근 우리는 교사들을 대상으로 보편적 학습설계(Universal Design for Learning: UDL)를 적용한 고등학교 수업을 모델링했다. 교사들에게 이미지(형상화) 배경지식을 쌓기 위한 3가지 옵션을 제시했다: 발표자와 소그룹으로 작업하기, 교재 검토하기, 짧은 비디오 사용 지침 시청하기. 한 교사는 이러한 제안들에 깜짝 놀라며 "그런데 학생들은 모두 교과서를 사용해야 합니다. 교사는 학생들이 읽도록 만들어야 하고요."라고 말했다. 우리는 "그런데, 왜 그렇죠?"라고 되물었다. 그는 너무 오랫동안 교과서를 사용해 왔기 때문에 다른 것을 고려할 수 없다고 말하는 것 외에는 답변을 생각해 낼 수 없었다. 우리는 변화가 매우 어렵다는 것을 깨달았다.

영어 교사들은 같은 소설을 학급의 모든 학생에게 읽도록 하는 것을 좋아할지 모른다. 수학 교사들은 학생들에게 같은 문제를 풀도록 숙제를 내 준다. 체육 수업에서 어떤 특정한 스포츠 종목이 평균이라고 의무화되어 있지 않음에도 학생들은 모두 장거리 달리기와 피구를 하거나 또는 농구나 프리스비 같은 팀 스포츠를 배우려고 노력한다. 과학 교사들은 포스터 프레젠테이션 행사를 개최한다.

학습자로서, 그리고 교사로서 우리의 오랜 경험이 학습과 두뇌에 대한 최근 지식이나 연구를 받아들이는 것을 방해할 수 있다. 마치 우리가 수업 시간에 정보를 전달하는 역할만 하는 루틴에 빠지는 것과 같다. 우리가 오랫동안 해 왔던 과제 부여와 전달식 강의법들이 모든 학생에게 효과가 있는 것은 아니라는 것을 알면서도 의지한다. 아마 '흠, 이게 내가 전부터 해 왔던 방법이고 괜찮았어.'라고 생각할 것이다. 우리는 '늘 사용해 유효하다는' 구식의 기술에 의지한다. 우리는 사과가 빨간색이라고 생각한다. 대부분의 상황에서 우리가 경험했던 사실이기 때문이다. 우리는 사과가 색깔이 없다는 것을 상상할 수 없다. 하지만 실제로 사과는 빨갛지 않다! 색과 빛에 대한 우리의 이해가 깊어짐에 따라 우리 인식과 가정이 얼마나 잘못된 것인지 알게 되었다. 뇌에 대한 최근 연구는 현재 우리가 하고 있는 일부 교수법이 설계되어야 함을 일깨워 준다.

학습 뷔페 비유

우리가 여러분을 저녁식사에 초대하고 직접 만든 멕시칸 라자냐를 대접한다고 상상해 보라. 고기, 살사, 양파, 검은콩, 옥수수 위에 라자냐 면과 치즈를 얹은 요리이다. 지금 여러분 중에는 이미 '이 라자냐가 아무리 맛있다고 해도 난 먹지 않겠어.'라고 생각할 것이다. 어떤 이는 예의가 바른 사람이라서 요리를 조금 먹기는 하겠지만 만족스러운 식사였다고 생각하지 않을 수 있다. 아예 입에 대지도 않는 사람들도 있을 것이다. 심지어 파티가 재미없을 것이라고 생각해서 오지 않는 사람들도 있을 것이다. 우리는 여러분 중 일부가 얼마나 까다로운 입맛을 가졌는지 생각하고, 누구를 위해서는 치어리더가 되려고 노력하며, 라자냐가 얼마나 훌륭한 요리이고 메뉴 선택이 좋았다고 얘기할 것이다. 우리 중 1명은 누군가의 옆에 앉아 "먹을 수 있어. 먹을 수 있다는 거 알아!"라고 말하면서 한 입씩 떠먹여 주기까지 할 것이다. 그렇지만 파티가 끝날 무렵에 우리는 완전히 지칠 것이다. 라자냐를 정말 즐겼던 사람들을 기억하는 자랑스러운 순간도 있겠지만 식사를 하지 않은 사람들이 가졌을 실망이나 좌절을 떠올리면서.

다음에 저녁 초대를 할 때는 몇 가지 새로운 전략을 시도해 보면 어떨까? 예를 들어, 3가지의 라자냐를 만들 수 있다: 하나는 고기로 만든 라자냐, 하나는 치즈가 없는 것으로, 그리고 다른 하나는 야채로만(하지만 누가 그럴 시간이 있겠는가?). 혹은 라자냐 대신 싸고 요리하기 쉬운 플레인 파스타를 만들 수도 있다. 유당이 가득한 치즈를 먹을 수 없는 사람을 위해 락타이드(Lactaid)를 나눠 줄 수도 있다. 그렇지만 이런 방법도 여전히 잘 작동하지 않는다.

대신에 뷔페식 관점으로 저녁 식사를 상상해 보자. 이 뷔페는 '모든 손님이 파티에서 균형 잡힌 식사를 즐길 것'이라는 목적을 명확하게 하는 것으로 시작한다. 우리는 '균형 잡힌'이라는 의미를 정의하고 나서, 손님들이 자신만의 식사를 만들 수 있도록 선택의 뷔페를 만들어 놓는다. 라자냐에 넣지 않을 테지만 여러분 중 누구에게는 도움이 될 수 있는 새로운 옵션을 부엌 찬장에서 꺼내 놓는다(타바스코 필요하신 분?). 이 방법을 사용하면 우리는 미리 여러 가지 라자냐를 만들 필요가 없고 손님 개개인의 식단 요구 사항도 알 필요가 없다(다양성의 마법으로 인해 매 끼니마다 달라질 것임). 우리가 뷔페식 접근을 취했을 때 더 많은 손님이 와서 저녁 식사를 즐길 수 있을까?

뷔페식 접근법은 미리 하는 사전적 조치이며, 사람들이 1가지 요리에 대해서도 다양한 선호를 가지고 있음을 가정한다. 뷔페식 접근법은 식사를 하는 사람에게 어떤 꼬리표를 붙이지 않으면서도 각자의 취향과 목표에 따라 요리를 선택할 수 있게 한다. 이미 방금 먹은 사람들은 그들이 흔히 했을 수 있는 것과는 다른 선택을 할 필요가 있다(맥락이 중요하다).

　수업을 디자인할 때에도 마찬가지로 UDL 접근법은 뷔페식처럼 특정 수업을 위한 다양한 학습 선호를 예측한다. 또한 수업마다, 여러 요인에 따라 그러한 선호는 달라질 것이라는 점을 인식한다. 예를 들어, 학생이 친구와 싸웠거나, 점심을 먹지 않았거나, 또는 전날 밤에 잠을 설쳤을 수도 있다. 이러한 상황들은 학생이 선호하는 바에 영향을 미칠 수 있다. UDL 가이드라인(부록 B 참조)에 따라 '학습 뷔페'를 계획하여 학생들이 수업 목표를 달성하기 위해 공부할 때 선택할 수 있는 옵션을 유연하게 제공할 수 있다. 학습이 질적으로 '균형을 이루도록' 하기 위해 학생들과 함께 뷔페를 만들 수도 있다.

　뷔페가 UDL과 매우 유사하지만 UDL은 단지 선택을 제공하는 것에만 국한되지 않는다. UDL 가이드라인은 모든 학생이 의미 있고 탄탄한 학습 기회를 갖고 참여할 수 있도록 의도적인 학습 선택을 지원하는 방법이다. 이 가이드라인은 수업에 유연성을 제공하는 3가지 폭넓은 방법, 즉 참여(engagement), 표상(representation), 행동 및 표현(action and expression) 옵션을 허용한다. 이 옵션들을 학습에 있어서 4가지 주요 식품군(단백질, 채소, 과일, 곡물)과 맞먹는 것이라고 생각해 보라. 모든 학습 경험을 위해 이런 질문을 해보자. 학생들이 활동에 참여하고 배경지식을 만들며 알고 있는 것을 보여 줄 수 있는 방법을 선택할 수 있는가? 이 질문은 우리가 효과적인 '학습 뷔페'를 준비하는 데 도움이 된다. 하지만 이 뷔페는 UDL 여정에서 시작에 불과하다. UDL 가이드라인에 대한 설명은 다음 내용을 참조하라.

UDL 가이드라인 개요

UDL 가이드라인은 다양한 참여 방식(engagement), 다양한 표상 방식(repre-sentation), 다양한 행동 및 표현 방식(action and expression)이라는 3가지 원리에 기초한다. UDL 원리는 뇌의 광범위한 학습 네트워크 3가지, 즉 정의적, 인지적, 그리고 전략적 네트워크와 일치한다.

- UDL 참여 원리: 학습에 있어 참여는 필수이다. 우리는 무언가에 흥미를 느낄 때, 집중하고 끈기를 보인다. 실제로, 너무 집중하여 시간이 한참 지나고 식사도 걸렀다는 것을 알아차리지 못할 정도가 되기도 한다! UDL을 통해 학생들이 자신의 관심사를 발전시키고, 노력과 끈기를 지속하며, 도전을 통해 자율적인 학습자가 될 수 있도록 내적 동기를 개발하는 것이 목표이다.
- UDL 표상 원리: 인지적 네트워크는 환경에서 지각된 정보 입력으로 활성화된다. 우리는 학생들이 관심을 기울이는 것에 영향을 미치는 광범위한 배경 경험이 있다는 것을 알고 있다. UDL은 관련 정보를 인지하고, 필요한 언어와 상징을 얻고, 이해를 구축하기 위한 옵션이 어떤 것인지 되돌아보도록 안내한다.
- UDL 행동 및 표현 원리: 전략적 네트워크는 우리가 알고 있는 것을 보여 주는 방법 차원에서 중요한 원리이다. 학생들마다 신체적 능력, 표현력, 의사소통, 그리고 실행 기능 수준의 범위가 매우 넓다: 어떤 학생들은 주제에 대해 유창한 에세이를 쓰는 단계를 잘 알고 있는 반면, 다른 학생들은 글씨를 거의 쓰지 않고 대신에 토론에서 깊은 이해를 나눌 것이다.

UDL 가이드라인 및 체크포인트는 부록 B를 참조하라.

당신은 뷔페에 차려진 음식을 보고, 먹고 싶은 것과 먹어야 하는 것, 그리고 실행 계획(얼마나 오래 먹을 수 있는지, 식사 후 무엇을 할 것인지 등)을 어떻게 균형 있게 맞추는가? 우리는 뷔페에 국수, 야채, 고기와 두부, 그리고 치즈를 차려 놓는다. 테이블 끝에는 브라

우니, 쿠키, 상그리아가 담긴 주전자도 있다. 우리는 손님인 당신에게 어떤 음식을 먹을 것인지 묻고, 먹고 난 다음 논평을 부탁한다 (Anderson, 2016). 우리는 당신이 음식을 선택하기 전에 무엇을 먹고 싶은지, 건강해지고 아프지 않기 위해 무엇을 먹어야 하는지, 언제까지 먹을 수 있는지, 나중에 무엇을 할 것인지 미리 생각하도록 상기시킬 것이다. 손님 중에는 저녁에 다른 파티에 가야 하는 사람이 있을 수 있다. 그렇다면 접시에 가득 좋아하는 요리가 있고 다음날 운동을 위해 탄수화물을 섭취해야 한다고 해도 그것은 최선의 선택이 아니다. 오히려 관심사, 필요성, 그리고 관련된 실행 계획을 고려할 때 샐러드가 가장 좋은 선택이기 때문에 그것을 선택한다. 여러분은 식사에 대해 계속 생각해 보고 목표를 명확히 했으며, 시간이 지남에 따라 이러한 미묘한 선택을 하는 방법을 아는 '전문가'가 되는 것이 무엇을' 의미하는지 알게 된다.

UDL 디자인은 식사를 하는 사람마다 자신의 목표에 따라 메뉴를 고를 수 있다는 점에서 작지만 중요한 변화를 만든다. 그렇지만 교사들은 학생들이 좋은 선택을 하지 않을 수도 있고, 심지어 선택을 하도록 하는 것은 학생들에게 오히려 부담을 지우는 것이라는 말을 하곤 한다. 우리는 학생들이 더 '전문적인' 소비자가 될 수 있도록 지원하고, 높은 수준의 목표 지향적인 '먹기'를 중심으로 더 많은 협력 공동체를 구축해야 한다. 이러한 접근 방식은 준비 작업이 필요하다! 예를 들어, 학년이 시작될 때는 루틴과 기술을 확립하는 데 좀 더 많은 시간이 걸릴 수 있다.

교사 Mike Anderson은 『Learning to Choose, Choosing to

Learn』(2016)에서 학생들이 학습에 대하여 효과적인 선택을 할 수 있도록 지원하는 것을 강조한다. 학습자가 스스로 성찰하고, 선택하고, 이러한 선택에서 배울 수 있게 하면 교사가 UDL을 보다 용이하게 실행할 수 있다.

먼저, 교사가 선제적으로 '교육 환경'을 만들지 않는 한 학생들은 선택할 준비가 되지 않는다. UDL 목표는 위협과 산만함을 최소화하는 수업을 만드는 것이다. 이러한 위협과 주의 산만함은 Anderson이 말하는 '교육 환경'이라고 한 안전, 통합, 협력을 통해 제거할 수 있다. 당신의 학습 환경 '뷔페(buffet)'에 대해 성찰하면 그것이 최적의 학습 환경인지를 판단할 수 있다.

학생들에게 스스로 선택할 수 있게 하는 것은 어려운 일이다. 어떤 학생들은 항상 같은 것을 선택할 것이고 어떤 학생은 선택하는 것을 아예 어려워할 수 있다. 학생들이 무조건 '쉬운' 방법만을 선택할 것이라는 우려도 종종 있다. 훌륭한 선택은 기술이기 때문에 언제나 최고의 선택을 하는 것은 불가능하지만, 스스로 자신의 선택이 효과적이지 않았다는 것을 반성하고 깨닫는 기회를 만드는 것은 우리 책임이다. 이것은 또한 학생들이 더 나은 선택을 하도록 도와줄 수 있는 선택 유형에 대하여 우리에게 피드백을 주는 기회가 되기도 한다.

교육 환경은 '마중물'이며 Anderson이 '선택(choose), 실행(do), 검토(review)'라고 한 과정을 학생들이 준비할 수 있도록 한다. 교사들이 학생들에게 뷔페를 제공하면서 스스로 선택하고 실행하도록 격려한다. 하지만 학생들이 자신의 진전도를 모니터링하고 선택에 대해 성찰하는 옵션을 제공하는 데 필요한 시간이 있는가? 때때로 '쉬운 방법'이라 인식된 것이 실제로 전략적이고 학생들에게 가장 좋은 선택이 될 수 있다.

어떻게 하면 교실 환경을 학생들의 다양성에 더 다가갈 수 있도록 도와줄 수 있는 뷔페처럼 바꿀 수 있을까? 어떻게 하면 학생들이 학습 선택을 더 자율적으로 할 수 있게 하고 그러한 선택이 대부분 효과적인 것이 되도록 도울 수 있을까? 이건 매우 단순하게 들리지만 실제로는 매우 어려운 일이다. 이를 위해서는 우리가 지금껏 해 온 일부 교육 방법을 언러닝, 즉 잊어야 한다. 학생을 어떻게 지칭할 것인가부터 시작해야 한다.

당신은 어떠한가?

성찰 질문:
- 수업을 떠올려 본다. 학생들에게 허용된 현재 '뷔페' 옵션은 무엇인가?
- 학생들이 학습활동에 참여하고 배경지식을 구축하며 알고 있는 것을 보여 줄 수 있는 옵션을 어떻게 제공하고 있는가?

낙인에서 다양성으로

1800년대 의사들은 결핵 환자에게 감염된 폐에 구멍을 내어 망가뜨리고 시골로 가서 신선한 공기를 마시라고 했다. 오늘날 의사가 이 치료법을 제안한다면 우리는 그만 충격을 받고 치료를 거부할 것이다! 물론, 우리는 이제 결핵과 폐에 대해 많은 것을 알고 있으며 의술이 더 발전할 것을 기대한다. 이젠 수업 방법의 일부가 되지 않아야 하는 학습과 두뇌에 관한 오래된 생각에는 어떤 것들이 있을까?

뇌 연구는 사람의 뇌는 각기 고유하다는 것을 의심의 여지없이 보여 주는데, 다양성(variability)이 원칙이다(Meyer, Rose, & Gordon, 2014; Rose, 2016). 일란성 쌍둥이라도 서로의 뇌는 믿을 수 없을 정도로 다르다. 우리의 학습 양식은 서로 고립되어 있지 않다. 뇌에는 '운동감각적' 또는 '시각적' 학습 양식이 따로 있는 것이 아니다(Willingham, 2018). 뇌 영상 분석은 뇌가 얼마나 상호 연결되어 있고 활동적인지 보여 준다. '개'와 같은 간단한 단어를 읽는 것만으로도 '뇌의 여러 영역 사이에서 처리되는 풍부한 교향곡'이 되어 뇌 전체가 활성화된다(Dale & Hagren, 2017).

얼마나 많은 사람이 스스로를 '시각적' 학습자라고 부르거나 학생을 '좌뇌형'이라고 낙인찍었는가? 이러한 낙인은 구시대적이어서 이제 우리는 학생들의 학습에 대한 생각을 더 복잡한 다양성 개념으로 다시 세워야 한다. '다양성'은 우리의 두뇌가 얼마나 독특하고 다양한지 설명하는 데 사용되는 용어이다. 2명의 학습자가 뇌에서 동일한 경로를 활성화하지 않는다. '자폐증'이라는 이름표가 붙은 한 학생은 다른 자폐증 학생과는 완전히 다른 독특한 두뇌 패턴과 학습 요구 사항을 가진다. 낙인은 정체성의 중요한 측면일 수 있지만, 사람들은 특정 낙인으로 정의하는 것보다 훨씬 더 복잡하다. 우리가 사람을 전인(全人)으로 보는 대신에 특정 낙인에만 집중할 때

고정관념을 갖거나 학습자에 대해 잘못된 가정을 할 위험이 있다.

교육자들 사이에서 반향을 불러일으키는 다양성의 개념이 교실에서 실제로 의미하는 바는 무엇인가? 첫째, 학생들에게 고정된 낙인을 붙일 수 없다는 의미이다. 대신 사고를 전환하는 유용한 방법으로 들쭉날쭉 학습 프로파일(jagged learning profile)[1]을 사용하는 것이다(Rose, 2016). 들쭉날쭉 학습 프로파일은 학생의 강점과 약점의 전체 범위를 설명하는 폭넓은 방법이다. 또한 이러한 강점과 약점이 강조되는 방식에서 맥락 또는 환경이 수행하는 중요한 역할을 고려한다. 예를 들어, 훈련 중인 운동선수의 들쭉날쭉 신체 학습 프로파일을 생각해 보자. 우리는 힘, 지구력, 노력, 식단, 마음가짐과 같은 여러 요소를 고려해야 한다. 운동선수들은 각기 고유한 톱니 모양의 프로파일을 가지고 있으며, 중요한 것은 이 프로파일이 맥락에 따라 바뀔 수 있다는 것이다. 물속에서 놀라운 지구력과 속도를 가진 수영 선수는 육지에서 달릴 때 조화롭지 못하고 느려 보일 수 있다. 또 어떤 선수는 연습할 때 끈기와 사고방식이 뛰어나지만 매치 플레이 중에는 의욕을 잃고 쉽게 좌절할 수 있다. 맥락은 정말 중요하다.

9가지 UDL 가이드라인을 사용하여 들쭉날쭉 프로파일의 다양한 차원(흥미, 끈기, 자기조절, 지각, 언어 및 상징, 이해, 신체활동, 표현

---

1) 역자 주:『평균의 종말: 평균이라는 허상은 어떻게 교육을 속여왔나』(정미나 역, 21세기북스, 2018)를 쓴 Todd Rose가 '개개인성의 원칙(priciple of individuality)' 중의 하나로 'jaggedness principle'을 제안했는데, '들쭉날쭉의 원칙'으로 번역되어 국내에 소개된 것을 참고했다.

및 의사소통, 실행 기능)에 대해 생각할 수 있다. 예를 들어, 과학 수업에서 학생의 들쭉날쭉 프로파일에는 높은 관심 수준, 높은 수준의 배경지식 및 어휘가 포함될 수 있다. 그러나 그 학생은 도전적인 문제는 계속 피하거나 시간 관리를 잘 못할 수 있다(실행 기능). 중요한 것은 이 학생이 다른 교실로 이동하거나 담당 교사가 다른 부서로 이동할 때 이 프로파일이 변경될 수 있다는 것이다. 이것이 맥락이 들쭉날쭉 프로파일과 교차하는 방식이다. (UDL 가이드라인을 사용하는 대신에 학생의 들쭉날쭉 학습 프로파일을 개발하는 다른 방법이 있다. 예를 들어, 학생들에게 학습 기술, 배경지식, 어휘 및 발표 기술에 대해 성찰하도록 해서 수업에서 다양성을 강조하는 것이다!)

정보를 1가지 방식으로 제시하거나 학생들이 동시에 같은 방식으로 학습할 것으로 기대하는 것은 들쭉날쭉 프로파일의 다양성을 인식하지 못하는 것이다. 학생들을 하나의 특정 집단으로 고정하여 분류하면 맥락이 학습 경험에 미치는 영향을 고려하지 않게 된다. 다양성과 맥락에 대한 이해를 바탕으로 당신의 수업에 대해 성찰해 보기를 제안한다.

당신의 들쭉날쭉 프로파일을 생각해 보자. 당신의 강점과 약점은 무엇인가? 그 강점과 약점은 당신의 배경 경험과 연관되어 있는가? 그러한 강점과 약점은 맥락에 따라 어떻게 바뀌며, 당신이 선호하는 교수법이나 수업 환경에 어떤 영향을 미치는가? (47쪽 '당신의 다양성을 확인해 보라'를 한번 해 보도록!) 예를 들어, 당신은 학생 참여를 유도하고 잘 정리된 강의식 수업을 하는 데 능숙하다고 느낄 수 있다. 그러나 상사가 당신 강의에 참석한다면 맥락이 바뀌어 학생 참여가 순조롭지 않고 강의를 조직적으로 진행하는 데 어려움을 느낄 수 있다. 수업 시간에 테크놀로지를 활용하는 데 편하지 않을 수도 있지만 협력교수를 진행하는 교사나 테크놀로지 전문인력이 함께 있다면 당신의 능력에 변화가 있을 것이다.

뇌과학의 다음 2가지 핵심 아이디어는 UDL 실행을 진전시키는 데 중요하다. (1) 다양성. 뇌는 서로 연결된 복잡한 네트워크로 구성되어 있으며 개인마다 고유하다. 따라서 우리는 고정된 하나의 학습 프로파일이나 학습 양식을 가지고 있지 않고 대신 다양한 들쭉날쭉 프로파일을 가지고 있다; (2) 맥락에 따라 그러한 프로파일은 바뀔 수 있다.

당신은 어떠한가?

성찰 질문:
- 다양한 수업 상황에서 학생들의 다양성과 강점 및 약점에 대한 들쭉날쭉 프로파일에 대해 생각하는 것은 학생들을 특정 집단으로 분류하고 같은 방식으로 동시에 학습하게 하는 수업과 어떻게 다른가?
- 맥락이나 환경이 학생들의 강점과 약점에 어떻게 영향을 주는가? 당신의 경우에는 어떠한가?

불일치 사건

어느 날 저녁 아이스크림 가게에서 한 교사가 "아하!" 하고 감탄사를 내뱉었다. UDL에 대해 제대로 이해하게 된 순간이었다. 선택할 수 있는 여러 아이스크림과 토핑을 살펴본 후, 그는 유제품이 없는 초코칩에 스프링클을 뿌린 콘을 주문했다. 그러다 갑자기 깨달았다. '잠깐, 난 유당 불내증이 없는데, 방금 유제품이 없는 아이스크림을 주문했어. 유제품 알레르기 때문에 이런 종류만 주문할 수 있다는 말을 듣게 된다면? 정말 화가 날 일이야!' 그는 이런 게 자신의 수업 시간에 사용하는 접근 방식과 같은지 곰곰이 생각해 보았다. '아마 특수교육 서비스를 받거나 영어를 배우는 일부 학생들에게만 특정 선택권을 허용했었구나. 선택할 수 있는 내용 대부분은 내가 정한 것이고. 학생들에게 그들 수준을 알려 주고는 어떤 방법으로 공부해야 하는지 정해 주었어. 모든 학생에게 선택 옵션을 열어 주고 스스로 선택하게 하면 어땠을까?'

　아이스크림 가게에서 일어난 이 불일치 사건에서 이 교사는 수업 설계에 대한 생각을 바꾸게 되었다. 아이스크림 뷔페처럼 수업에서 학생 목소리를 더 많이 반영하고 학생에게 선택권을 부여한 것이다. 이러한 '아하!' 순간, 즉 불일치 사건은 개념적 변화를 위한 중요한 기회이다. 갑자기 전구가 꺼지고 이전에 생각했던 것이 더 이상 정확하지 않다는 것을 깨닫게 되는 순간이다. 개념적 변화 접근은 과학자들이 종종 불일치하는 사건을 통해 새로운 패러다임을 사용하기 시작하고 기존 패러다임을 버려야 한다는 것을 깨닫게 되면서 과학계에서 처음 사용했다(Posner, Strike, Hewson, & Gertzog, 1982). 요지는 교육 분야에서도 일어날 수 있다는 것이다. 이러한 불일치 사건은 우리가 이전에 사실이라고 믿었던 것을 언러닝하는 동기를 부여하는 귀한 순간이다.

당신의 다양성을 확인해 보라

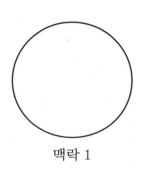

맥락 1

	낮음	평균	높음
흥미			
끈기			
자기조절			
지각			
언어 & 상징			
이해			
신체활동			
의사소통			
실행 기능			

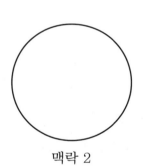

맥락 2

	낮음	평균	높음
흥미			
끈기			
자기조절			
지각			
언어 & 상징			
이해			
신체활동			
의사소통			
실행 기능			

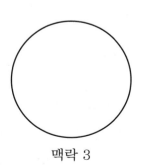

맥락 3

	낮음	평균	높음
흥미			
끈기			
자기조절			
지각			
언어 & 상징			
이해			
신체활동			
의사소통			
실행 기능			

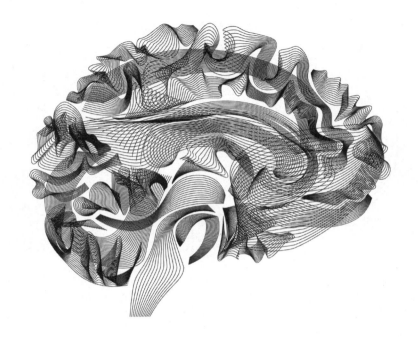

　이러한 다양성과 맥락에 대한 이해와 관련해서 무언가 새로운 수업 방법을 시도한 순간들을 생각해 보자. 아마도 '도움이 필요한 학생'을 위한 그래픽 조직자를 만들기 시작하면서 학생들이 정보를 조직하는 기술에 '다양성'이 있으며, 많은 학생이 그래픽 조직자의 도움을 받을 수 있다는 것을 깨닫게 되었을 때일 것이다. 그래서 '도움이 필요한 학생'만을 위한 것이 아니라 모든 학생이 사용할 수 있는 그래픽 조직자를 만들었다. 난독증이 있는 학생에게 허용한 오디오북이 밤늦게까지 공부하느라 눈이 피곤한 학생부터 걸으면서 과제를 듣는 학생까지 다양한 학생에게 도움이 될 수 있음을 인식하는 경우도 마찬가지이다. 수업 시간에 학생들에게 필기 앱이나 스케치노트를 사용할 수 있는 기회를 줘서 결과적으로 수업 참여도와 성취도가 급등한 때이다. (이봐요, 코넬 노트가 모두에게 다 좋은 것은 아닐 수도 있어요.) 이런 사례들은 유연한 옵션을 통해 환경을 설계하고 변화시키는 데 초점을 맞춘다.

언러닝 사이클

　언러닝 사이클(unlearning cycle)의 이 시점에서 우리는 학습 스타일은 고정된 것이 아니라 다양성이 있음을 보기 시작한다. 이러한 다양성을 지원하기 위해 UDL 접근 방식은 학생마다 다른 '식사'를 제공하는 것보다 학습 뷔페를 준비하는 것과 비슷하다. 이것은 교사가 학생들을 위해 학습 뷔페를 준비하는 데 열광하고 많은 선택권을(대개 처음에는 너무 많다!) 제공하기 시작할 수 있는 단계이다. 어떤 교사는 다양성의 뇌 과학을 배우는 것을 즐기지만 수업에는 전혀 변화를 주지 않는다. 또 어떤 교사들은 UDL이 별로 새로운 것이 아니라 왔다 사라질 '유행'이라고 주장한다. 이 시점에서 교사들에게 이런 의견을 듣곤 한다.

- "이건 정말 좋아요. 저는 이미 UDL을 하고 있습니다."
- "제 수업에서 학생들에게 많은 선택권을 주려고 노력할 것입니다."
- "UDL은 좋은 수업 방법으로 보입니다. 별로 새로운 것은 아니지만."

어떤 의견이 가장 공감이 가든지 간에, 대체로 이 시점에서 UDL 실행은 수업 방법에 변화를 주지 않는다. 아직 언러닝할 것이 많이 있기 때문이다! '학습 뷔페' 아이디어, 다양성, 그리고 맥락을 이해하는 것이 중요한 첫 단계이다.

당신은 어떠한가?

성찰 질문:
- 아이스크림 이야기가 당신에게 어떤 생각을 떠올리게 하는가? 당신의 생각을 바꾼 '아하!' 하는 불일치 순간과 비슷한 경험을 한 적이 있는가?
- UDL, 다양성, 맥락 중에서 가장 공감이 가는 것은? 당신이 취할 수 있는 첫 단계는 무엇인가?

당신의 생각을 낙서해 보라

UDL 장거리 여행

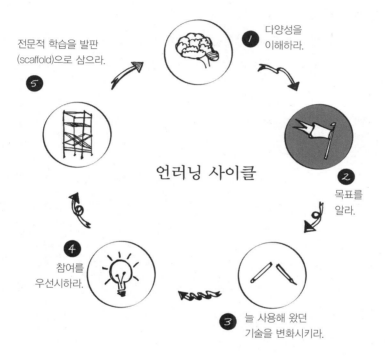

전문적 학습을 발판
(scaffold)으로 삼으라.

5

1 다양성을
이해하라.

언러닝 사이클

2
목표를
알라.

4
참여를
우선시하라.

3 늘 사용해 왔던
기술을 변화시키라.

학생 개개인의 놀라움

우리는 우리를 변화시키고 다른 방식으로 가르치도록 도왔던 학
생들을 가르칠 수 있었던 만큼 충분히 운이 좋았다. 여기에서 우리
는 배울 준비가 된 학생들뿐만 아니라 모든 학생을 위해 일하는 학

교가 필요한 이유와 가르치는 이유에 대해 우리 모두를 상기시키기 위한 3가지 이야기를 공유하고자 한다. 읽으면서 당신의 학생들과 학생들의 삶에서 당신이 만들 수 있는 변화에 대해 생각해 보라.

Jade를 만나 보자. 7학년인 Jade는 상냥한 마음을 가졌다. 바인더에는 자신과 아버지의 어린 시절 사진들을 채웠다. 그녀는 핫초코를 사랑했고 머리를 염색했다. 어느 날은 분홍색으로 염색을 하고 학교에 왔다. 다음 날은 그녀의 머리가 파란색이 되었다. 그녀는 남자 친구에게 사랑의 시를 썼고, 작문 과제에는 웨딩드레스를 스케치했다. Jade는 아이들을 위한 그룹홈에서 살았다. 그녀의 아버지가 새로운 여성과 데이트를 하기 시작했고, 그들은 아이를 원하지 않는 것으로 결정하였기에 그녀를 포기했다. 두 학년 수준이 뒤처지긴 했지만, Jade는 판타지에 대한 열혈 독자였고, 심성이 쾌활하였으며, 방과 후에도 항상 남아서 의자를 밀어 넣거나 그녀의 스케치를 공유하는 소녀였다. 그러나 그녀는 종종 곤경에 처하기도 했다. 한 번은 그녀가 아버지를 만나러 학교에서 도망친 적이 있었다. 아버지는 경찰을 불렀다. 아버지를 방문했던 그 일의 가장 슬펐던 부분은 그녀의 옛 침실에 들어갔을 때, 침대가 없어졌다는 것이다.

Roger를 만나 보자. 그는 교실 뒤쪽 창문 옆의 같은 의자에 앉아 머리를 책 속에 파묻고 있는 모습을 자주 보였다. 누구와도 좀처럼 어울리지 않았고, 그룹 과제를 싫어했으며, 참여하기 위해 절대 손을 들지도 않았다. 공예 재료나 조작물로 프로젝트를 수행해야 하는 것은 그를 좌절감에 빠지게 했다. 대부분의 시간 동안 그는 혼자

묵묵히 책을 읽었다. 사실, 그는 여름 수업의 첫 주 안에 대학 수준의 교과서 전체를 읽었다. 그는 때때로 교사와 일대일로 공유할 수 있는 높은 수준의 복잡한 내용을 처리할 수 있었다. 그는 신경외과 의사가 되고 싶어 한다고 생각했다. Roger는 어린 시절부터 '뛰어나고 재능 있다'는 말을 듣곤 했지만, 9학년이 되자 5개 수업 중 4개를 낙제했고, 심각한 우울증을 앓았으며, 학교를 중퇴할 위기에 처했다. 그는 또래와 상호작용하는 데 필요한 의사소통의 미묘한 뉘앙스를 이해하지 못했다. 한편, 그는 무엇을 언제 읽어야 하는지도 알 필요가 없었다. 그는 이미 숙달한 암기 기술에 대하여 숙제로 주어진 무의미한 학습지를 완성하고 싶어 하지 않았다. 그는 모든 과제와 시험을 공란으로 두었다. 그는 학교에서 얼마나 지루하고 어색한지 참을 수 없었다.

Axzavyeir를 만나 보자. 그는 11세 때 부모의 권리가 종료된 이후 위탁 양육 주거시설에 맡겨졌다. 그는 성인과 '시스템'에 대해 분노하고 불신했다. 그는 거의 읽고 쓸 수 없었고, 종종 또래와 직원들에게 폭력적이었으며, 자신이 존중받지 못한다고 느끼면 권위에 공손히 따르는 것을 어려워했다. 그러나 Axzavyeir는 힘든 학생은 아니었고, 그의 과거 트라우마로 인하여 확대된 복잡한 행동 문제를 지닌 꺼리는 학생이었다. Axzavyier는 아주 어린 나이부터 필수 자원(식량, 주거지, 의복, 안전)의 박탈을 극한 수준으로 경험했기 때문에 폭력적이었다. 그의 세계에서 생존을 위해 필요한 것을 얻거나 가진 것을 보호하는 방법은 단 1가지였으며, 그것은 바로 폭력이었다. Axzavyeir는 자신을 안전하게 지키는 데에 필요하다고 느꼈던 것 그 이상으로 결코 벗어나지를 못했다.

Axzayvier는 전통적인 교육이 강조하는 서면 형식으로 책을 읽거나 그의 생각을 명확히 표현할 수는 없었을지 모르지만, 그는 환경, 사람 또는 집단을 임상적으로 정확하게 읽을 수 있었다. 그리고 그는 무례할 수 있었겠지만 그가 존경하는 사람들을 놀라울 정도로 보호할 수 있었고, 소수의 신뢰하는 사람들의 제안을 기초로 새로운 것을 종종 시도했다.

우리는 이 아이들과 모든 아이가 배우고, 성장하고, 자신의 한계를 탐구하며, 그것을 넘어서는 데 필요한 것을 얻을 수 없는 시스템은 상상할 수 없다.

계속 읽기 전에 당신을 변화시킨 학생에 대해 잠시 생각해 보라. 그 학생의 이름을 기억하라. 그 학생에 대한 놀라운 점은 무엇이며, 어떻게 그 학생이 당신을 변화시켰는가? 그 학생은 학습의 다양성에 어떻게 부합하는가?
간단히 메모하거나, 그림을 그리거나, 아래에 이름을 써 보라. 그들을 이 여정에 함께 데려가 보라.

　우리가 아무리 많은 추가 지원을 제공하더라도 우리의 학생 중 누군가는 수업에서 잘하지 못할 것이라고 예상하는 경험에 대해 우리 모두는 익숙하다. 1명, 2명 또는 3명의 학생이 결국 학교를 중퇴했다고 들을 때, 놀라움을 금치 못한다는 사실을 우리는 모두 알고 있다. 다르게 할 수 있는 결정이 있었는가? 처음 몇 년 동안 가르친 후에는 교실의 실제가 거의 자동화될 수 있다. 자료와 자원과 충분히 좋아 보이는 루틴을 하던 대로 계속하기는 너무 쉽다. 게다가 우리 교사 중 많은 이는 교육과정 또는 접근 방식에 대해 가장 간단히 변경하는 것조차 충분한 시간이나 자원이 없다고 느낀다. 우리는 발생할지 모르는 문제에 대비하여 백업 전략을 갖추도록 교육을 받았다. 우리는 모든 학생에게 다가가기 위해 수없이 많은 시간을 힘쓰고 있다. 지원을 위한 풀 아웃(pull-out) 교실, 교실에서 도울 수 있는 보조 인력, 개별화 교육 계획이 있다. 우리는 학생 개개인, 그리고 모든 학생을 돕고자 종일 쉬지 않고 일한다. 그런데도 우리는 여전히 일부의 학생을 잃고 있다.

　우리에게 UDL은 모든 학생에게 다가가고 참여시킬 수 있는 프레임워크를 제공한다. 우리 교실에서 모든 학생이 같은 시간에 같은 수학 문제를 푸는 것에 대해 만족스럽게 느낄 수 있다. 학생들의 그룹에 참여적인 강의를 한다는 것은 힘을 실어 주는 것처럼 느낄 수 있다. 그러나 이러한 교육의 실제가 우리가 현재 다양성 및 학습에 대해 알고 있는 것과 일치하지 않는다면, 모든 학생의 요구를 충족시키지 못한다면, 그것들은 최선의 설계일까? 그것들을 새로운 방식의 교수법과 바꾼다는 것은 무엇을 의미할까? 우리는 이러한

실제가 사라져야 한다고 말하는 것이 아니라, 경험의 설계가 근본
적으로 바뀔 필요가 있다고 말하는 것이다.

목표를 알라

어디로 갈까? 얼마나 걸릴까? 짐을 싸고 간식을 챙기고, 영화를
다운받아야 할까? 개를 데리고 갈까? 목적지에 대해 아무것도 모른
채 차를 타고 여행을 떠나는 것보다 더 최악은 없다. 우리가 어디로
가는지 알면 그곳에 가는 데 도움이 되는 필요한 것은 무엇인지 예
상할 수 있다. 이것은 걱정이나 우려를 완화할 수 있고, 우리가 어
떻게 준비할지에 대해 전략적일 수 있도록 돕는다. 우리는 장애물
이나 장벽이 있을 수 있는 곳을 예측할 수 있다.

언러닝 과정에서 UDL '학습 뷔페'가 학생들의 다양성을 지원하
는 교실 환경에 도움이 될 수 있다는 것을 이해하면, 우리는 먼저
학습 경험의 목표 또는 목적을 명확히 함으로써 학습 뷔페를 설계
하기 위한 중요한 구체적인 단계를 시작할 수 있다. UDL을 적용하
기 위해 목표에 주안점을 두는 것은 매우 중요하며, 우리가 학생들
에게 원하는 기준, 기술, 사회·정서적 기술, 행동 기대와 실제를
매우 구체적으로 쪼개는 데 시간과 협력이 필요할 수 있다. 하지만
이것을 하기 위한 구체적인 전략에 다가가기 전에(곧 하게 될 것을
약속한다), 우리는 먼저 현재 시행 중인 목표 설정 시스템에 대해 생
각해 볼 필요가 있다.

우리가 현재 우리 수업에서 목표를 어떻게 설정하는지 비판적으로 살펴보자. 당신의 역할과 상관없이 학교의 비전과 사명에 대해 생각하는 관리자로서, 내일의 수업을 준비하는 학급 교사로서, 또는 학부모와의 일대일 회의를 준비하는 코치로서 당신은 현재 어떻게 목표를 설정하고 공유하는가? UDL의 경우, 학습 경험의 목표 또는 핵심 목적을 매우 분명하게 하는 것이 중요하다. 우리가 목표에 초점을 두었을 때, 학생들이 목표를 달성하는 것을 방해할 수 있는 장애물이나 어려움을 확인할 수 있다. 우리는 수업의 해당 부분에 대하여 목표가 아주 분명할 때 우리가 유연해질 수 있는지와 유연할 수 있는 방법에 대해 안다. 이 책에서 우리는 수업이나 단원에 의도된 학습 목표를 설명하기 위해 '목표(goal)'라는 단어를 사용하지만, 여러분은 '목표(objective)' 또는 '학생들이 할 수 있는(Students will be able to: SWBAT)', 또는 일부 다른 문구를 사용할 수도 있다.

만약 우리가 집에서 지역 커피숍으로 운전해서 간다면, 다른 주에서 커피숍으로 운전해 가는 것과는 다른 계획을 세울 것이다. 우리가 목적지를 알면, 걷거나 버스를 타거나 운전을 할지 알 수 있다. 우리는 경치가 좋은 경로 또는 통행료가 없는 경로를 원하는지도 결정할 수 있다. 우리는 단계별로 방향을 제시하고, 매번 음성 지원을 할 수 있다. 우리는 조감도를 사용하고 음성은 끌 수 있다. 목적지에 따라 우리는 각 여행을 위해 우리가 취할 수 있는 옵션을 GPS '뷔페'에서 선택한다. 우리가 어디에서 출발하는지와 현재 선호하는 것에 따라 옵션은 다를 수도 있다.

여러분이 가르치려는 수업의 목표가 학생들에게 선형 부등식 문제를 해결하는 것이라고 상상해 보자. 이 목표를 성취할 수 있도록 학생들을 위한 '뷔페' 옵션은 무엇인지 생각해 보라. 학생들이 왜 관심을 가져야 하는가(UDL 참여의 원리)? 학생들이 이러한 종류의 문제를 푸는 방법을 어떻게 이해할 수 있게 할 것인가(UDL 표상의 원리)? 이러한 문제 풀이에 대한 학생들의 이해를 보여 줄 수 있는 옵션은 무엇인가(UDL 행동 및 표현의 원리)? 수업의 목표를 바꾸어 보자. 만약, 학생들을 위한 목표가 선형 부등식 문제를 팀으로 해결하도록 하였다면, '학습 뷔페'의 옵션은 학생들이 그룹 과제에 참여할 수 있는 다양한 방법을 포함하도록 변경된다(예를 들어, 그룹 수행의 효과적인 예시를 살펴보거나 학생들의 기여를 스스로 성찰하도록 하는 옵션이 있을 수 있다).

장애물과 장벽

목적지를 분명히 하고 여행을 떠날 때 우리 모두는 그곳으로 가는 것이 대체로 매끄럽고 쉬운 여행이 아니라는 것을 안다. 교통 체증, 우회, 영원할 것처럼 보이는 열린 도로도 있을 것이며, 언덕 구간에서 차멀미를 하는 사람 옆에 당신이 앉게 될 수도 있다. 가는 도중에 이러한 장애물 중 일부는 피할 수 있다. 그러나 우리가 직면하는 일부 어려움은 마주하고 다루는 방법을 배워야 하는 것들이다. 목적지를 염두에 두고 우리는 어떻게 어려움을 예상하거나 불필요한 장애물과 좌절을 피하고자 미리 더 나은 계획을 수립할 수 있을까?

우리의 목표를 하위 구성요소로 나누는 것은 중요하며, 그리하여 여정의 각 부분에 대해 우리가 가고자 하는 곳을 정확히 알 수 있다. 이렇게 하면 여행의 각 부분에 가장 적절한 옵션을 볼 수 있게 된다. 그리고 우리는 이것을 혼자 할 필요가 없다. 교실에서 우리는 학생들과 기대를 공유할 필요가 있으며, 그래야 학생들은 그들의 학습 여정을 위해 필요한 것을 준비할 수 있다. 예를 들어, 당신은 목표를 칠판에 쓰거나, 평가하는 데 게시하거나, 모든 사람이 목표를 달성하는 데 필요한 목적과 관련성 및 단계를 이해할 수 있도록 논의할 수 있다. 우리는 이 과정을 제6장에서 좀 더 자세히 다루겠지만, 당신이 명확한 목표를 가지고 수업을 계획하고 있다면 (수업의 짧은 부분에서든, 전체 수업에서든, 단원에서든 또는 당신의 학급에서 가장 중요한 일 년 동안이든), 이 목표를 학습자와 공유하고 함께 장애물을 예상해 보라.

수업에서 주요 장애물이나 어려움을 확인하고 나면, 당신은 이러한 장애물의 일부를 줄이는 데 도움이 될 수 있는 옵션을 브레인스토밍할 수 있다. 때때로 우리는 학생들을 위한 생산적인 투쟁이 그 자체로 중요하고, 학생들은 너무 많은 옵션을 필요로 하지 않을 수 있다고 결정할 수 있다. 한편으로 우리는 학습 옵션의 더욱 풍부한 뷔페를 원할 수도 있다. 목표가 명확하게 제시되고 학생들과 함께 공유될 때, 우리는 학생들과 함께 학습에서 장애물을 예상하고 개별 학생이 목적지에 도달할 수 있도록 하는 '뷔페'를 설계하고자 협력할 수 있다.

목표 + UDL 가이드라인 = 강력한 설계 결합

다양성을 수용하고 목표 설정에 집중했다면 이제는 목표에 도달할 수 있는 다양한 경로에 대해 의도적으로 생각할 때이다. 전국 도로 여행에서 주유를 위해 거의 정차하지 않고 직진으로 주행하도록 선택할 수 있다. 다른 사람들은 친구와 함께 음악 목록을 재생하며 주 경계를 지날 때마다 사진을 찍기 위해 멈출 수 있다. 정차가 필요한 경우가 있다. 주유와 음식이 필요할 것이다. 전국을 가로지르는 것이 목표라면, 그곳으로 가는 '쉬운' 길은 없으며 우리는 모두 같은 목적지에 도달할 것이다.

보편적 학습설계(UDL)는 학습 환경의 재설계를 안내하는 프레임워크로 우리 교실을 변화시켜 학생들의 요구에 개인화된 목표 중심의 학습으로 모든 우리 학생들에게 접근할 수 있다면 어떨까? 학생들은 학습이 왜 중요한지 이해하고 스스로 도전하고 필요에 따라 지원을 받을 수 있는 옵션이 있다는 것을 알고 있기 때문에, 딱딱한 수업 자료를 다루는 참여적인 학생들로 교실이 가득 찬 모습은 어떠하며 어떤 느낌이 들까? 당신이 목표를 세울 때마다, 스스로에게, 그리고 학생들에게 물어보라. 이것이 왜 중요한가? 이것은 어떻게 관련되는가? 성공은 어떤 모습인가?

학생들이 공공장소에서 흡연을 금지해야 한다는 논쟁적 에세이를 작성해야 한다고 상상해 보자. 이 교실의 학생들을 알지 못하더라도 우리는 3가지 UDL 원리를 사용하여 다양성을 미리 예상할 수 있다. 참여(engagement)에 다양성이 있을 수 있다: 일부 학생은 관심이 없거나, 노력을 기울이지 않거나, 이 과제를 제대로 완성할 수 있다고 생각하지 않는다. 다른 학생들은 주제에 관심을 가지고 시작할 준비가 되었을 것이다. 표상(representation)에 다양성이 있을 것이다: 일부는 공공장소에서 흡연하는 것에 대해 배경 지식이 전혀 없고, 일부는 논쟁적 에세이에 무엇을 포함해야 하는지 모를 수 있다. 다른 학생들은 수십 편의 논쟁적 에세이를 써 보았을 것이며, 쓰기 관련 배경을 탄탄하게 가지고 있을 수 있다. 행동 및 표현(action and expression)에 다양성이 있을 것이다: 일부 학생들은 글쓰기를 시작하는 방법과 자신의 생각을 명확하게 표현하는 방법을 모르거나, 자신의 에세이를 계획할 수 없을 것이다. 다른 학생들은 어떤 종류의 그래픽 조직자가 그들이 글쓰기를 시작하고 쉽게 논지를 작성하도록 도울 수 있는지 알 것이다. UDL 가이드라인을 사용하여 우리는 학습자의 다양성과 우리 학생들이 직면하게 되는 몇 가지 장애물을 예측할 수 있다.

명확한 목표는 학습을 지원하기 위해 언제 자원이나 도구를 사용할 수 있는지와 없는지를 분명하게 한다. 학생들에게 수업 목표가 2차 방정식을 이해하는 것이라면, 계산기와 예제 풀이 모델을 사용해서 계산을 해결하도록 도움으로써 학생들은 2차 방정식을 배우기 위해 집중하고 있는 다른 단계들은 기억할 수 있다. 수업 목표가 계산을 학습하는 것이라면, 계산기를 사용해서는 안 된다. 명확한 목표는 루브릭과 평가가 일치하도록 하므로 여러분은 의도한 목표를 측정하고 있다는 것을 확신한다. 우리가 잘 고안한 목표를 가지고 있을 때, 학생들은 목표를 달성하기 위해 진전할지 여부와 진전을 위한 방법을 결정할 수 있다.

UDL이 적용된 교실에서 가장 큰 변화 중 하나는 목표가 대화의 중요한 부분이 된다는 것이다. 교사는 기준과 수업의 모든 다양한 하위 구성요소를 분해하고, 목표를 보다 철저하게 강조한다. 학생들은 자신의 학습 목표를 개발하는 데 보다 많이 참여한다. 또한 UDL 가이드라인은 교사와 학생 둘 다에게 학습을 심화시킬 수 있는 옵션을 선택하는 데 도움이 되도록 사용된다. UDL 가이드라인은 목표를 지원하고 불필요한 방해물을 줄이는 추가적인 옵션을 수업에 주입하는 방법을 반영할 수 있는 로드맵을 제공한다. 학생들은 다양한 옵션이 그들의 학습을 어떻게 도울 수 있는지에 대해 더 깊이 이해하기 시작한다. '학습 뷔페'는 의도적이며 예방적이다. 맥락은 예상되는 학생의 다양성을 지원하도록 설계되었고, 더 많은 학생을 참여시킨다.

옵션은 건축물 측면의 비계와 같이 학생을 위한 학습 발판으로 시간이 지남에 따라 궁극적으로 제거되는 것으로 생각하라. 학생들이 2차 방정식을 더 잘 이해하면 계산기와 모델 예제는 필요하지 않을 것이다. 학생들이 다양한 옵션을 사용하기로 선택함에 따라, 그들은 자신의 학습 요구 사항과 목표를 향해 진전하도록 돕는 것이 무엇인지 더 많이 알게 된다.

언러닝 사이클을 지속하라

　언러닝 사이클의 두 번째 단계는 사려 깊고 의도적인 목표 설정에 관한 것이다. 이에 대한 이해는 불필요한 방해물을 줄이기 위해 당신의 수업에서 분명한 목적과 의도를 가지고 옵션을 유연하게 사용하도록 이끈다.

　UDL에 대해 배우는 이 시점에 일반적인 오해는 우리가 많은 옵션을 제공해야 한다거나 수업에서 UDL 가이드라인의 모든 지침을 사용해야 한다는 것이다. 하지만 그것은 UDL이 아니며, 이러한 오해는 우리가 수업을 위해 수많은 옵션을 제공할 시간이 없고, 학생들이 사용할 수 있는 모든 옵션에 대해 평가하는 것이 압도적으로 보이기 때문에 종종 교사들을 좌절시킨다. 게다가 이 지점에서 학생들도 너무 많은 선택에 압도될 것이라는 우려가 종종 있다. UDL을 적용하는 이 단계에서 우리가 흔히 듣는 말은 다음과 같다.

- "많은 옵션을 제공했지만 학생들은 선택을 싫어했다."
- "학생들이 제출한 과제의 모든 다양한 방법을 평가하는 데 지쳤다."
- "내 모든 수업에서 그렇게 많은 옵션을 제공할 시간이 없다."

　목표 설정이 UDL 실행을 위해 매우 중요한 이유가 여기에 있다. 구체적이고 관련된 목표를 만들고 평가와 루브릭을 목표에 맞추려면 시간이 필요하다. 한 번에 한 단계씩 나아가라. 학습 목표와 일치하도록 참여, 표상, 행동 및 표현을 위한 옵션을 포함하기 위해 학생들과 함께 작업하는 것은 실제로 시간이 많이 걸린다. 그러나 옵션들은 학습자의 다양성을 지원하고 엄격한 학습 기회에서 학습자를 지원하기 위해 우리의 학습 환경을 바꾸는 데 중요한 요소들이다. 당신은 목표를 깊이 분석하는 것을 절대 멈추지 않을 것이다. 그리고 UDL과 함께 우리는 끊임없이 목표를 재확인하고 성찰할 것이다. 의도적인 목표 설정이 UDL 적용을 위한 중요한 전환점(tipping point)이므로, 제6장에서 우리는 목표를 개발하기 위해 당신과 협력할 전략을 다룬다.

당신은 어떠한가?

성찰 질문:

- 당신은 어떻게 목표를 설정하고 학생들과 공유하는가?
- 학생들은 왜 그러한 목표에 관심을 가져야 하는가? 의미가 있고 관련이 있는가?
- 그러한 목표를 향해 진전하도록 돕는 옵션의 '뷔페'는 무엇인가? 참여, 표상, 행동 및 표현에 대한 옵션이 있는가?
- 학생들은 목표에 도달했는지 또는 그 과정에서 자신의 진전을 모니터링하는 방법을 어떻게 알 수 있는가?

지금까지 UDL로 마음에 와닿은 것은 무엇인가? 여전히 가지고 있는 질문이 있는가? 그것들을 기록해 보고, 우리는 이 책에서 질문에 답을 찾거나 대화하고자 우리에게 연락하기를 바란다.

당신의 생각을 낙서해 보라

제3장 늘 사용해 왔던 기술을 변화시키라

UNLEARNING

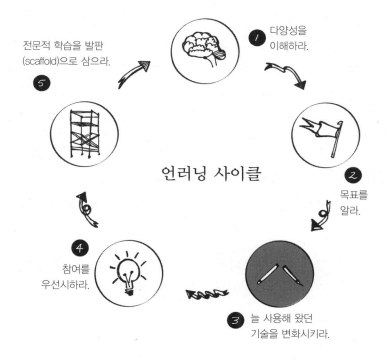

전문적 학습을 발판 (scaffold)으로 삼으라.

5

1 다양성을 이해하라.

언러닝 사이클

2 목표를 알라.

4 참여를 우선시하라.

3 늘 사용해 왔던 기술을 변화시키라.

습관을 깨라

당신은 손톱을 물어뜯거나 손가락 마디를 꺾는가? 당신은 매일 같은 시간에 같은 방법으로 양치를 하는가? 당신은 회의 때나 점심 시간 때 항상 같은 자리에 앉는가? 당신은 귀가할 때 늘 같은 동네

길로 걷는가?

습관은 중요하다. 너무 많은 정신적 에너지를 쏟지 않고도 삶의 루틴을 감당할 수 있게 해 주기 때문이다. 우리는 커피를 내리고, 산책을 하며, 수업 시간엔 공책을 펴는 등 루틴의 행동이 무엇이든 한다. 우리는 양치를 어떻게 하는지 생각할 필요가 없다. 워낙 몇 년간 어느 정도 같은 방법으로 했기 때문이다. 그리고 이것은 우리의 정신적 능력에 큰 도움이 된다. 습관은 우리로 하여금 시간과 에너지를 아끼게끔 지름길을 만들어 준다.

습관은 대체적으로 어떠한 신호나 우리의 환경 무언가와 연결되어 있고(예를 들어, 잠들기 전 시간이라든지), 연쇄적인 행동과 연관되어 있다(예를 들어, 치약을 짜고 양치를 한다든지). 또한 이 습관은 어떠한 보상과 연계되어 있다. 당신의 뇌나 몸, 혹은 둘 다, 그 습관으로 인해 이득을 보는 게 있다(예를 들어, 깨끗한 치아와 구취 제거라든지). 만약 언젠가 당신이 다른 방법으로 양치를 해야 할 때가 오면(어쩌면 교정기를 끼웠거나 잇몸이 상해 있을 때), 새로운 (양치) 행동에 집중하고 원래 습관을 깨기 위해 더 많은 에너지가 소모된다. 만약 누군가 (회의나 점심시간 때) 당신의 자리에 앉는다면, 굉장히 당혹스러운 순간일 것이다.

뇌에는 습관 형성을 위해 여러 시스템이 연계되어 있다. 전두엽 앞부분 피질은 결정을 하고 목표 지향적인 행동을 취할 때 사용된다. 운동 피질은 소뇌와 더불어 행동을 조절하고, 감정 중추가 활성화되며, 기억 중추는 학습한 것을 저장한다. 사실상 습관으로 인해 우리는 따로 새로운 걸 배울 필요가 없다. 습관이 자동화되면, 기저

핵이 활성화되며 전두엽은 사실상 오프라인 상태가 된다. 생각해 보면 신기한 현상이다. 무언가 습관이 되면, 우리 뇌의 목표 지향 적 결정을 내리는 부분은 더 이상 활성화되지 않는다! 습관을 통해 우리의 뇌는 더 자동적으로 일을 하게 되고, 에너지를 덜 쓰며, '신 경 쓰지 않아도 복잡한 일들을 해낼 수 있게 되는 것'이다(Duhigg, 2012).

교실에서의 습관

　우리가 교실 내에서 쓰는 습관들은 무엇이 있는가? 이러한 습관 들이 학생들로 하여금 본인의 학습에 대해 어떤 습관과 일반화가 생기게 만드는가? 어떠한 습관들은 좋고 효과적이겠지만, 어떠한 습관들은 오래되고, 혹은 불평등을 조성하며, 실제로 해로울 수도 있다.

　습관은 환경의 단서에 기반한다. 흡연자들은 점심 후나 귀갓길 에 담배를 피우고 싶은 마음이 들곤 한다. 그들의 습관과 연관된 시 각적 · 후각적 · 청각적 단서들 때문에 말이다. 교사로서 우리들은, 교실 앞에 서자마자 설교를 해야 한다고 생각이 들 수도 있다. 영화 나 비디오를 보기 전에 반드시 원작인 책을 읽어야 하는 사람도 있 다. 어떤 학생은 역사 시간에 자신도 모르게 본인의 몸짓이 부정적 이고 다른 상황에서는 나타나지 않는 주눅 든 형태가 된다는 걸 발 견할 수도 있다. 이러한 습관들은 대개 무의식중에 나타나며, 우리는 알지도 못하는 사이 그 습관적 행동을 한다. 또한 우리는 그 습관의 계기인 환경의 미묘한 단서조차 알아채지 못할 수 있다.

여기서 UDL이 큰 영향을 끼칠 수 있다. UDL은 모든 학습자가 목표를 이룰 수 있도록 엄격한 목표를 세움과 동시에 융통성 있는 옵션을 제공해 준다. 이러한 융통성 있는 옵션 덕에 학생들은 새로운 걸 시도할 기회가 생기고, 효과적이지 않은 습관을 깰 수 있으며, 본인의 학습의 경로를 직접 만들어 나갈 수 있다. 때때로 작은 변화가 학습과 참여에 큰 영향을 줄 수 있다. 우리는 교실을 모든 학생이 융통성 있게 배우고 참여할 수 있는 곳으로 만들 수 있다. 그러나 이를 방해하는 우리의 교육 습관들은 어떻게 바뀌야 하는가?

원래 있던 단서와 보상이 없다면 습관을 바꾸기 더 쉽다. 흡연자들은 새로운 환경에 있을 때 새로운 루틴을 시작하기 쉽다. Duhigg (2012)는 습관을 깨려면 휴가를 가는 것이 제일 좋다고 제안한다. 주변 환경, 즉 맥락(context)이 바뀌기 때문이다. 다른 맥락에서 우리의 행동과 학생들의 행동이 크게 다르다는 것을 한 번쯤은 경험해 봤을 것이다. 과학시간에 발표하기를 끔찍이 두려워하는 학생이 연극에서 주연을 맡을 수도 있다. 피곤하고 무관심하던 학생이 방과 후 친구들과 스포츠를 즐길 때 생기가 돋을 수도 있다. 태도와 습관은 맥락에 따라 변한다. 맥락은 매우 중요하다.

긴 휴가가 좋은 건 당연하지만, 우리는 학생들을 시도 때도 없이 휴가를 보내 줄 수는 없다. 또한 학생들을 제외시키거나 배제할 수도 없다. 우리의 교실은 모두를 포용하고 다양성을 존중해야 한다. 그렇다면 교실의 모든 학생이 관심받고 참여하게 만들기 위해서

비효율적인 교육과 학습 습관들을 어떻게 변화시켜야 할까?

늘 사용해 왔던 기술을 조심하라

다음과 같은 늘 사용해 왔던 기술을 생각해 보라: 수준별 집단화, 시험 보는 법 가르치기, 숙제 내기, 수업 인원 줄이기. 당신이 사용하는 기술은 무엇무엇인가? 당신만의 늘 사용해 왔던 기술은 무엇인가? Hattie(2009)는 그의 책 『Visible Learning』에서 늘 사용해 왔던 것을 잘못된 인식으로 바라보는 자세의 예시를 든다. 교육자이자 관리자로서, 당신은 아마도 최선의 실제(best practices)를 알고 있을 것이다. 그러한 실제들이 연구로 뒷받침되지 않았을 때는 이를 그저 가짜 뉴스나 카더라로 치부하기가 쉽다. 물론, 어떠한 실제라도 그것을 뒷받침해 주는 최소 1가지 논문은 찾을 수 있겠지만, 당신이 매우 견고한 메타분석(meta-analysis)을 마주했을 때는 주의 깊게 생각해 보고, 변화시켜야 할 수 있다.

『Visible Learning』은 가장 촉망받는 교육연구 자료이며, 1,400가지의 메타분석을 통해 256가지의 행동이 끼치는 교육적 영향에 대해 분석한다. 『Visible Learning』의 목표는 가르침과 학습에 있어 무엇이 진정으로 효과적인지 연구하는 것이다.

우리가 생각하는 것과 증거 기반의 실제(evidence-based practices)는 다를 수 있기 때문에 연구 결과는 아마 놀라울 것이다. Hattie는 우리의 긴 학령기와 교실 경험을 토대로 교육에 관한 신념이 생기는 현상을 '학업의 문법(grammar of schooling)'이라고 일컫는다 (Hattie, 2009). 여기에 포함된 것이 앞서 말했던 기술들이다: 수준별 집단화, 시험 보는 법 가르치기, 숙제 내기, 수업 인원 줄이기. 그렇다면 왜 아직도 학교에서는 이러한 방식을 사용하는 것일까? 왜 많은 교사가 아직도 숙제를 내 주는가? 왜 많은 교사가 아직도 학생들에게 시험 보는 방법을 가르치며, 능력에 따라 집단화하고, 소규모 수업을 요구하는 걸까? 이러한 백만 불짜리 질문들에는 새로운 답이 필요하다. 그래서 학생들이 비효율적이거나 어찌 보면 해로운 방식에 묶여 있지 않도록 말이다.

먼저, 숙제의 효과에 관한 연구와 증거 기반의 실제를 다루어 보자. 최근 연구에 따르면 숙제와 학업 성취는 상관(correlation)이 없다. 왜 이전 연구에서는 반대 주장을 했고, 왜 아직도 많은 교사가 숙제를 내 주는 것이 학생의 성취를 높이는 것이라 믿는지 조사해 봐야 한다. 숙제의 긍정적 영향에 대해 가장 많이 인용되는 연구 자료는 Cooper, Robinson, 그리고 Patall(2006)이 실행한 메타분석인데, 이 연구에서조차 저자들은 주의를 요한다. '숙제와 학업 성취의 긍정적 인과관계는 오로지 즉각적인 결과, 즉 단위 시험(unit test)에 국한되므로 숙제가 학업 성취에 미치는 장기적인 인과관계는 알수 없다'는 것이다(p. 53). 이러한 결과에도 이 메타분석은 최근 여러 비판의 대상이다. Maltese, Tai, 그리고 Fan(2012)은 Cooper 등의 학자들의 연구 결과가 사실상 근거가 없다고 주장했다. 메타분석에서 그 어떤 연구도 각 과목에서 숙제의 양과 그 수업의 최종 성적을 직접 평가하지 않았기 때문이다.

Maltese 등의 학자들은 숙제를 하는 데 소요된 시간과 특정 과목의 최종 성적 간의 직속 상관관계를 살펴봄과 동시에, 학생들의 인구통계 자료와 학업 참여, 그리고 이전 학업 성취도의 차이를 감안하여 숙제와 성적 사이에 일관된 관계가 없다고 결론지었다. 또한 저자들은 "이 분석을 시작할 때 숙제를 완료하는 것이 수업 시간에 배운 것들을 복습하고, 수업 자료를 추가로 시간을 들여 배우게 하므로 숙제를 완료하는 학생들이 더 높은 성적과 시험 점수를 받을 것이라 예상했다. 하지만 결과에 따르면 여러 관련된 요인을 통제했을 때 숙제를 완료하는 것이 성적에 큰 영향을 끼치지 않았다 (p. 66)."라고 언급했다.

Katie는 그녀가 교사였던 당시, 숙제를 내 주는 것은 당연한 루틴의 일부였다고 한다. "나는 어렸을 때 항상 숙제를 했기 때문에 교사가 되어서도 숙제를 내 주었다. 하지만 깊이 생각을 해 보니, 숙제를 끝내는 아이들은 결국 성적을 중요시하는 아이들이고 성취도가 높은 아이들이었다. 반면에 학업을 어려워하는 아이들은 결국 숙제를 안 하는 아이들이었다. 글쎄, 이게 무슨 의미가 있나 싶었다. 집에서 일어나는 일들은 내가 어찌할 수 없으니, 학생들의 성적은 수업 시간 동안 얼마나 이해를 했는지에 기반해야 한다고 생각했다. 이건 내게 크나큰 '아하!'의 순간, 불일치 사건이었다. 숙제를 덜 내 주고 대신 수업 시간을 알차게 쓰는 것에 집중했더니, 수업 참여가 높아졌다. 루틴이 아닌 학습이 되었다. 물론 아예 숙제를 없앤 교사가 되지는 못했지만, 아마 다시 교실로 돌아간다면 없애는 방향으로 가지 않았을까 한다."

빛도 없고 색깔도 보지 못할 때에도 사과는 빨갛다고 믿는 앞의 예시가 이것을 여실히 보여 준다. UDL은 우리의 루틴과 교육 방법들을 살펴보고 우리의 목표가 무엇인지, 또한 우리의 교과 설계가 의도한 결과와 배우는 학생의 다양성을 뒷받침하는지 생각하게 한다. 만약 숙제를 내 주는 의도가 수업 시간에 배운 개념을 더 깊이 이해하게끔 하는 것인데, 많은 학생이 기본적인 이해가 부족하다면, 무슨 의미가 있을까? 어떻게 하면 숙제를 우리가 성취하기를 희망한 의도한 학업과 일치하게끔 변화시킬 수 있을까?

예를 들어, 9학년 영어 수업에서 교사 Rodriguez는 토론을 통해 학생들의 협업을 강조했는데, 수업 토론 역시 늘 사용해 왔던 기술 중 하나였다. 하지만 항상 같은 학생들이 토론을 주도했고, 모든 학생이 참여하게끔 규칙을 세웠더니 억지로 토론을 하는 분위기였다. 그는 학생들에게 토론에 있어 방해가 되는 것들이 무엇인지 물어보았다. 한 학생은 그 자리에서 무언가를 생각하는 것이 어렵다고 했다. 토론 주제에 대한 배경지식이 부족했기 때문이다. 또 다른 학생은 내성적인 성격 때문에 토론에 참여하는 것조차 불편했다고 했다. 이러한 피드백을 토대로 Rodriguez는 다음날부터 필요한 변화를 실시할 수 있었다.

수업을 시작할 때, Rodriguez는 학생들이 배경지식을 이해할 수 있도록 관련 기사를 읽거나 짧은 뉴스 영상을 보게 했다. 그다음 어항(fishbowl) 토론, 혹은 온라인 Google Chat(실제로 여러 회사에서 그룹 토론 방법으로 쓰임), 이렇게 2가지 방법을 제시했다.

또한 Rodriguez는 토론을 진행시키기 위해 문장의 어간과 질문들을 제시했고, 그에 따라 모든 학생이 참여할 수가 있었다. 특히 채팅 기록은 매우 효과적이었다! 모든 학생이 어떻게 토론을 했는지 복습하고 정리할 수 있었고, 결석했던 학생들과 공유할 수도 있었다(심지어 결석했던 학생들도 참여할 수 있었다!). 토론의 핵심 개념들을 복습하고, 주요 논점을 요약하며, 본인의 생각을 공유할 수 있는 옵션을 통해 학생들은 더 효율적으로 협업하고(협업이 그 당시에 일어나든 시간이 흐른 후 일어나든 상관없이 말이다), 수업 내용을 더 깊이 배울 수 있었다.

토론 아이디어

- (Tech) 구글 채팅(Google Chat): Google Chat이나 Hangout은 설치하기 쉬우며, 모든 디바이스(컴퓨터, 태블릿, 핸드폰)에서 접속이 가능하다. 일대일 메시지와 그룹 채팅이 가능하기에 학생들은 기호에 맞춰 채팅 인원수를 선택할 수 있다.
- (Tech) #슬랙(#Slack): 학생들이 서로 볼 수 있도록 댓글을 달고, 링크와 이미지, 혹은 기사 등을 포스팅할 수 있는 교실 공간을 만들 수 있다. Google처럼 슬랙 역시 어느 디바이스에서든 접속이 가능하며, 비밀 또는 전체공개된 토론에 참여할 수 있다.
- (Non-Tech) 어항 토론(Fishbowl): 소수의 학생이 나머지 학생들이 지켜보는 가운데 토론에 참여할 수 있다.
- (Non-Tech) 상대의 말문을 막히게 하라(Stump Your Partner): 여태껏 배운 학업 자료에 기반해 어려운 질문을 하나씩 생각하게 한 후, 각각 본인의 상대에게 질문을 한다. 조금 응용하자면, 학생들에게 생각한 질문을 써서 제출하게 한다. 이 질문들로 시험을 만들 수도 있고, 이해를 확인하는 복습에도 사용할 수 있다.
- (Non-Tech) 바꿔 말해야 통과(Paraphrase Passport): 각 학생은 본인보다 앞

서 말한 학생이 말한 내용 혹은 아이디어를 본인의 말로 바꿔 말해야 발언 기
회가 주어진다.

- (Non-Tech) 건설적인 논쟁(Constructive Controversy): 4명의 학생을 한 그룹
으로 묶어 두 그룹을 만든 뒤, 각각 어떠한 논란의 한 면에 대해 조사하고 그
주제에 대해 최대한 많은 정보를 얻도록 연구하게 한다. 그룹을 바꾸어 논란
의 또 다른 면에 대해 조사하게 한다.

UDL로 학습하는 새로운 방법을 구상하라

친구로부터 UDL에 대해 들은 후, 한 아이스스케이트 코치는 어
떻게 UDL을 사용해 본인의 스케이트 레슨의 문제점을 고칠 수 있
을지 생각해 보았다. 그의 수업에는 여러 수준의 학생이 있었고, 잘
타는 학생들은 지루해한다고 생각했다(코치는 학생들의 불성실한 태
도가 지루해서 그렇다고 생각했다). 반면에 잘 타지 못하는 학생들은
수업 진도를 따라오기 힘들어했다. 이 코치는 본인의 스케이트 레
슨에 UDL을 사용해 보자고 생각했다. 이 변화로 인해 그의 스케이
트 레슨이 완전히 변화했다.

당연한 말이지만 나는 내 스케이트 수업에서 모든 학생이 무언가
를 배웠으면 좋겠다. 하지만 보통 10~12명의 각기 다른 능력의 학생
이 있고, 수업 시간은 짧으며, 스케이트장의 크기도 한계가 있다. 어려
운 일이다. 보통 나는 학생들을 경험에 따라 나눈다(늘 사용해 왔던 기
술: 학생에게 라벨 붙이기). 그 후에 각각 나뉜 그룹에 각기 다른 과제

를 준다(늘 사용해 왔던 기술: 라벨에 따라 차이 두기). 돌아다니면서 피드백을 준다. 학생들에게 보통 똑같은 6~7가지의 피드백을 준다(늘 사용해 왔던 기술: 교사가 수업, 타이밍과 피드백 장악하기). 내가 어렸을 때의 스케이트 수업은 늘 이렇게 배웠고, 학부모와 학생들이 예상하는 방식이기도 하며, 다른 코치들도 이러한 방식으로 가르치기 때문이다.

UDL에 대해 듣기는 했지만 나와 상관은 없다 생각했다. 그러던 어느 날, 색다른 시도를 해 볼까 생각했다. 이날은 평소와 다르게 뚜렷한 목표가 있었다. 내 수업의 모든 학생이 러츠 점프(lutz jump)를 하게끔 하는 것이었다. 물론 학생들은 각기 수준이 달랐다. 어떤 학생은 배경지식이 많았고(UDL 가이드라인 3), 어떤 학생은 점프를 잘했으며(UDL 가이드라인 4), 또 어떤 학생은 참여도가 높고 열심히 하려 했다(UDL 가이드라인 8). 이 다양성을 존중하기 위해 내 레슨을 변형했다. 그 어떤 수준의 학생이라도 더 나은 러츠 점프를 할 수 있도록 여러 옵션을 준비했다. 러츠 점프를 슬로우 모션으로 볼 수 있는 영상을 보여 주고, 여러 부분에서 일시정지하여 주요 기술을 설명했다. 또한 (싱글, 더블, 또는 트리플) 러츠 점프를 연습할 수 있는 기회를 마련해 주었고, 러츠 점프를 성공적으로 하기 위해 고쳐야 하는 6가지 자세에 대한 체크리스트도 사용했다. 짝과 함께 분석하거나, 본인의 핸드폰으로 본인 모습을 영상으로 찍어 분석하거나, 나와 함께 연습할 기회도 만들어 주었다.

완전히 다른 경험이었다. 똑같은 피드백을 여러 번 반복하지 않아도 되었고, 학생들은 서로 많은 대화를 하고 있었으며, 나에게 더 많은 질문을 했다. 단순히 내가 피드백을 주는 수업이 아닌, 본인들이 각자의 러츠 점프를 개선해 나가고 있었다. 놀라운 광경이었다.

　UDL은 이 스케이트 레슨을 근본적으로 변화시켰다. 오래되고 효과 없는 패턴과 습관들을 깰 수 있게 했고, 결과적으로 더 철저하고 집중적인 학습의 기회가 되었다. UDL은 학습의 현장을 더 주도적으로 이끌었고, 다양성을 존중하고 목표가 뚜렷하면서 더 많은 학생을 참여할 수 있게 하는 결과를 낳았다. 참여(Engagement)를 위한 옵션(예를 들어, 협업, 피드백, 정확한 예시), 표상(Representation; 예를 들어, 영상을 보고, 서로 관찰하는 것, 러츠 점프의 주요 기술 알려 주기), 그리고 행동 및 표현(Action and Expression; 예를 들어, 체크리스트, 연습과 분석할 수 있는 기회)을 통해 더 많은 학생이 수업에 참여할 수 있었고, 더 나은 결과를 가져왔다. 이 코치와 그의 학생들에게는 새로운 방법으로 수업을 했을 때 나타난 참여도와 학생 반응의 차이는 매우 뜻깊었던 불일치 사건이었으리라. 이 경험으로 인해 다른 방법도 바뀌었을 것이고, 계속하여 UDL을 시도하게 되었을 것이다.

　〈표 3-1〉을 통해 학습에 대한 UDL 관련 신념(UDL-aligned beliefs)을 알아보자. 당신의 교육방식과 수업 설계에 각 신념이 얼마나 중요한지 생각해 보자. 빈칸에는 당신만의 교육방식과 학습에 대한 중요한 신념도 적을 수 있다. 당신의 신념에 맞춰 수업 시간에 어떤 행동을 취하는지 생각해 보자. 당신이 쓰는 늘 사용해 왔던 기술 중 이 신념들과 맞지 않는 것이 있는가? 반면에 정말 효과적인 기술이 있는가?

〈표 3-1〉

학습에 관한 주요 UDL 관련 신념	이는 당신의 교육방식에 중요한 신념인가?	이 신념에 맞도록 수업 시간에 어떤 기술을 사용하는가?
나는 모든 이가 배울 수 있다고 믿는다.		예를 들어, 각 학생에게 높은 기대를 갖고 있다고 알려 준다.
나는 모든 상황에서 모든 학생은 다양하다고 믿는다.		수업에 참여하기 위한 1가지 이상의 여러 방법을 제시해 준다.
나는 환경 설계가 성취(그리고 실패)에 영향을 끼친다고 믿기에 학생을 '고치려' 하기보다 환경을 바꾸려 노력한다.		교실에 학생의 필요대로 공부할 수 있는 공간을 유연하게 만들어 준다.
나는 각기 다른 상황에서 모든 이가 다르다 믿는다 (맥락이 중요하다).		학생들에게 무엇이 필요한지 말해 주기보다 무엇이 학생 본인들에게 도움이 될지 물어본다.
나는 학습 양식은 타고난다기보다 학생이 강점과 약점의 들쭉날쭉 학습 프로파일을 가진다고 믿는다.		다양성을 존중해 주는 말을 사용한다.
나는 어떻게 기대를 하느냐에 따라 학습의 결과가 달라진다고 믿는다.		학생들로 하여금 본인의 목표를 세우게 한다.
나는 융통성 있는 학습 방식이 학생들에게 도움이 된다고 믿는다.		학생들은 수업의 어떤 옵션이든 사용할 수 있다.
그 외에 주요 학습 신념을 추가하라:		

예를 들어, 당신이 모든 이가 배울 수 있다고 믿는다면, 당신의 수업을 듣는 모든 학생의 결과를 최대한 좋게 만들기 위한 여러 전략이 있을 것이다. 학생들의 결과물이 만족스럽지 않을 때 수정할 수 있는 기회를 줄 수도 있고, 한편으로는 모든 학생이 같은 속도로 배우지 않는다는 것을 염두에 두고 추가적인 피드백과 배울 수 있는 기회를 제공할 수도 있다. 만약 당신이 모든 상황에서 모든 학생은 다양하다고 믿지만, 수업에 참여할 방법이 1가지로만 국한된다면, 더 융통성 있게 다양한 참여 방법을 구상해야 할 것이다.

수업방식에 미묘한 변화를 주려면 오래된 교육 습관을 깨고 학습에 대한 신념과 맞물리는 새로운 습관을 터득해야 한다. 다음은 오래된 습관과 루틴을 바꾸는 3단계 가이드이다(Bonchek, 2016).

① 오래된 방식이 더 이상 효과적이지 않다는 것을 인정하라

당신의 수업, 교실, 또는 학교에서 학생들에게 도움이 되지 않는 부분들을 생각해 보라. 현재의 수업 모델, 방법, 기술로 인해 모두가 배우고 성취하는지 생각해 보라.

- 배우지 못하는 이는 누구이며 현재 대응법은 무엇인가?
- 효과가 없는, 고로 내가 바꾸고자 하는 방식은 무엇인가?

앞의 질문에 솔직히 답변함으로써 학생의 학습에 방해가 되는 오래된 습관을 버리고, 언러닝의 첫걸음을 내딛게 될 것이다.

② 당신의 목표를 뒷받침해 주는 새로운 모델을 찾으라

여기서 모델이란, 더 크고 복잡한 과정을 함축시켜 주는 것이다. 모델은 복잡하고 여러 면모를 가진 과정을 간단하게 분할한다. UDL 가이드라인은 학습 뇌의 다양성에 대해 우리가 아는 것과 교육방식을 연결하도록 모델을 제공한다. 학생에게 라벨을 붙이거나 학생을 바꾸거나 교실에서 제외시키기보다는 환경을 바꾸어 수업을 계획하는 데 있어 방해되는 것을 의도적으로 줄일 수 있다. 모든 학생이 교육받을 수 있는 또 다른 모델을 사용하고 있다면, 그대로 행하라. 만약 그러한 모델이 없다면, UDL을 시도해 보라.

③ 새로운 정신적 습관을 몸에 새기라

아마 당신의 예전 생각과 행동 습관이 다시 나올 수도 있다. 그도 그럴 것이, 이러한 루틴은 인지적 에너지를 아껴 주지 않는가! 변화는 일직선도 아니며 간단하지도 않다. 변화는 복잡하고 노력이 필요하다. 모든 걸 한 번에 바꾸려 하지 말고, 하나씩 시도해 보며 새로운 지식을 습득해 보라. 예를 들어, 언러닝 사이클(unlearning cycle)에서 우리는 당신의 목표를 확실히 하기를 추천한다. 그 뒤 1~2가지를 변화시키거나 '학습 뷔페'에 추가할 수도 있다. 예를 들어, 당신은 먼저 교실 환경을 바꿔 볼 수 있다. 모든 학생이 앉지 않아도 되고, 몇몇은 일어나서, 혹은 흔들의자에 앉아서, 바닥에 앉아서, 또는 빈백(beanbags)에 앉아 수업을 들을 수도 있다(물론 고등학교와 대학에서도 말이다!). 어쩌면 UDL 표상 가이드라인에 더 중점을 둘 수도 있다. 다양한 시청각적 형태를 통해 정보를 전달할 수

도 있을 것이다. 영상에 자막을 추가한다든지, 토론 중 주요 아이
디어를 화이트보드에 적어 볼 수도 있다. 디지털 학습지를 나눠 주
어 학생들이 수정할 수 있게 해 볼 수도 있다. 목표를 세우고, 단지
1가지 UDL 가이드라인을 시도해 보는 데에 집중하라. 이를 통해
수업을 계획하는 데에 있어 새로운 'UDL' 정신적 습관(mental habit)
을 기를 수 있다.

　Allison 역시 이 3단계 과정을 통해 효과적이지 않던 오래된 수업
모델을 되돌아보았다. 그녀는 목표를 세움과 동시에 UDL 가이드
라인 1가지를 사용해 UDL 관련 정신적 습관을 길렀다.

① 효과적이지 않던 오래된 모델

　교사생활을 시작할 때 Allison은 Howard Gardner의 다중지능
(Multiple Intelligences: MI)의 진가를 인정했다. 이 프레임워크는 기
존에 있던 1가지 지능(one intelligence), 즉 IQ에 이의를 제기했고,
그녀의 동료들은 학생들에게 본인이 MI 중 어느 지능에 해당되는
지 생각해 보게 했다. 동료들은 신체-운동성(bodily kinesthetic)의
학생들, 혹은 언어성(linguistic)의 학생들 등으로 공간을 나누어 수
업했다. MI 모델이 마음에 들기는 했으나, Allison은 학생들에게 라
벨을 붙이는 것에 거부감을 느꼈다. 본인이 학생이었을 때, 그리고
교사가 되었을 때 볼 수 있었던 각 사람의 복잡성과 다양성을 반영
하지 못하는 것 같았기 때문이다.

② 그녀의 목표를 뒷받침해 주는 새로운 모델

다양성과 맥락을 중요시하는 UDL 모델이 그녀의 경험과 학습에 관한 신념에 더 적합했다. 그녀에게는 맥락의 영향을 이해하는 것이 매우 중요했다. 어떤 환경에서 한 학생은 언어적 옵션을 선호할 수 있었고, 또 다른 환경에서는 신체-운동적 옵션을 선호할 수 있기 때문이다. 보다 융통성 있는 맥락, 혹은 '학습 뷔페'를 통해 학생들은 더 전략적인 학습을 할 수 있었다. 이는 그녀에게 강력한 '아하!'의 순간이었다.

③ 새로운 정신적 습관 몸에 새기기

Allison은 의식적으로 다양성을 존중해 주는 말을 쓰기 시작했다. '이 학생은 시청각 자료로 배우는 학생이다.'라고 라벨을 붙이기보다는, '학생들이 이 정보를 접하는 데에 있어 다양한 방법이 있을 것이다.'라고 생각했다. '특출난 학생'이라고 말하기보다는, "이 주제에 관련해 배경지식 또는 이해와 수행의 다양성이 있을 것이다."라고 말했다.

이제 당신 차례다. UDL 이전에 사용하던 모델을 생각해 보라. UDL을 처음 접한다면, 현재 교육방식과 수업 계획에 사용하는 모델이 무엇인지 생각해 보라. 당신이 사용하는 습관과 루틴을 확인하라. 앞서 말한 이야기, 혹은 〈표 3-2〉를 이용해 당신의 수업 기술을 돌이켜 보라. 이를 통해 교육과 학습에 관한 당신의 핵심적인 신념에 다소 맞지 않거나, 학생들의 학습에 있어 도움이 되지 않는 늘 사용해 왔던 실제 기술들을 변화시키기를 바란다.

〈표 3-2〉

당신 차례! 늘 사용해 왔던 기술 바꾸기
UDL 이전 모델(현재 당신의 수업방식일 수도 있다). 무엇이 효과적이고 무엇이 효과적이지 않은지 적어 보라:
학생들의 학습에 관한 당신의 목표와 신념을 뒷받침해 주는 새로운 모델(예를 들어, UDL):
몸에 새길 새로운 정신적 습관(1~2가지의 구체적인 행동으로 시작하라):

언러닝 사이클을 지속하라

늘 사용해 왔던 기술을 찾아내고 깨는 것이 언러닝 사이클의 세 번째 단계이다. 우리의 교육방식은 우리 자신들의 경험으로부터 영향을 받았고 습관으로 자리 잡은 부분이 많다. 또한 이것이 최선의 실제에 기반하지 않을 때도 있다. 한발 물러서서 무엇이 진정 학생들에게, 그리고 학습의 목표에 도달하는 데 가장 효과적인지 생각해 보는 것은 큰 노력이 필요하다. 이것을 깨달음으로 왜 우리의 교실 루틴과 습관을 바꿔야 하는지 알 수 있다. 언러닝 사이클이 당신에게 도움이 되길 바란다. 다양성, 맥락 또는 목표를 세우는 것을 첫걸음으로 집중하라. 이쯤 되면, 이러한 말을 듣게 된다:

- "나는 이 방식을 교사 초년생 때부터 사용했는데 당연히 효과적이지. 사실, 모두에게 효과적이지 않을 수도 있겠지만."
- "목표를 깨달았을 때, 학생들에게 1~2가지의 새로운 옵션을 제시했더니 한 학생은 이전과는 다르게 열심히 하는 게 보이더군."
- "UDL을 통해 왜 무언가가 효과적이었는지(또는 효과적이지 않았는지) 깨닫게 되었어요."

UDL을 이해하려면, 먼저 모든 학습자는 배울 수 있고, 그들의 능력은 우리가 학습의 환경을 어떻게 조성하는지에 따라 다르다는 근본적인 가정을 깨달아야 한다. 그러나 UDL은 여기서 더 진화해 모든 학생의 필요에 맞게끔 우리의 교육방식과 사고방식을 바꾸게 한다. '아하!'를 외치는 학생의 학습과 참여의 순간순간이 우리의 교육방식을 계속해서 다듬고 바꿔 나가는 원동력이 될 것이다. 우리의 최종 목표는 모든 학생의 학습을 지지하는 설계이며, 교실에서 폭넓은 학습자의 다양성을 포용하는 것이다.

당신은 어떠한가?

성찰 질문:
- 당신이 배운 교육방식, 습관, 혹은 사고방식 중에 당신의 교육 신념과 맞지 않는 것은 무엇인가?
- 여기까지 살펴본 언러닝 사이클(다양성 이해하기, 목표 알기, 늘 사용해 왔던 기술 변화시키기)을 통해 당신의 교실 내 목적이 뚜렷한 학습 뷔페에 무엇을, 어떻게 기여할 것인가?

당신의 생각을 낙서해 보라

제4장 참여를 우선시하라

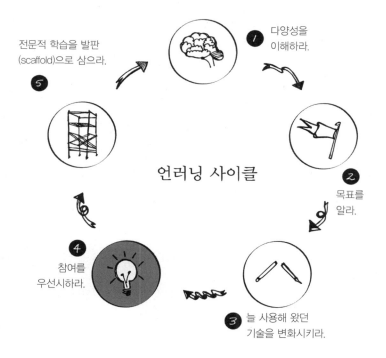

전문적 학습을 발판
(scaffold)으로 삼으라.

5

1 다양성을
이해하라.

언러닝 사이클

2
목표를
알라.

4
참여를
우선시하라.

3 늘 사용해 왔던
기술을 변화시키라.

빌어먹을 세그웨이

세그웨이를 타려고 한 적이 있는가? 잘 알다시피 세그웨이는 회
전하는 방법이 자동차와 다르다. 오른쪽이나 왼쪽으로 돌리면, 오
른손으로 작은 손잡이를 앞(forward)이나 뒤(backward)로 움직여야

한다.

Allison은 워싱턴 D.C.로 세그웨이 투어를 갔다가 총체적 재앙을 경험했다. "우회전은 핸들을 오른쪽으로 돌리는 자동차처럼 운전하고 싶었어요. 그렇지만 '손잡이를 앞쪽으로 돌려야 우회전!'이라는 말을 계속 되새겨야 했습니다. 게다가 조금이라도 몸을 앞으로 기울여야 세그웨이가 앞으로 가속되니 나는 계속 몸을 앞으로 기울여야 했어요!"

투어 그룹이 보행자와 자동차와 볼거리가 있는 워싱턴 D.C.의 거리를 탐색하기 시작했을 때 오래된 운전 습관을 잊는 것이 특히 어려워졌다. 횡단보도에서 안전하게 건너기 위해 신호등에 표시된 남은 시간을 보면서도 망할 세그웨이를 움직일 수 없다고 상상해 보라. 이건 완전 패닉이다.

Allison은 회상했다. "나는 몇 번이고 충돌했어요. 한 번은 내가 나무를 정면으로 들이받기 전에 선생님이 나를 구해 주셨고, 밤에 투어 그룹을 따라잡기 위해 고군분투하면서 내 외로운 세그웨이 전조등이 앞뒤로 흔들리는 것을 볼 수 있게 되면서 모든 일은 더 우스꽝스러워졌어요."

Allison은 전체 투어 일정을 완료하지 못했고 밤이 되어 그만하겠다는 이야기를 들은 가이드는 안도한 것처럼 보였다고 한다. 그녀는 몇 년 동안 운전한 경험을 어떻게 하면 더 성공적으로 잊을 수 있었을까? 그녀는 그날 이후 다시는 세그웨이를 타지 않았다. 그녀가 다시 세그웨이를 타게 하려면 어떻게 해야 할까?

인지 부하

Allison의 세그웨이 이야기는 수업과 비슷하다. 어떤 학생들에게
는 교실에서 집중해야 할 것이 너무 많아서인지 인지적 에너지를
어디로 향해야 하는지 알기 어려울 수 있다. 수업에서 어려운 언어
나 배경지식, 또는 학생이 접해 보지 못한 새로운 기술에 대한 이해
가 필요할 때가 있다. 그러다 보면 대부분의 에너지와 집중을 거기
에 쏟게 되어 과제 참여를 오히려 방해한다. 우리는 종종 여러 가지
기술을 수업에 포함한다. 예를 들어, 학생들은 소집단 활동에 참여
해야 하고, 정돈해서 깔끔하게 쓰고, 읽기를 수행하고, 파란색 펜만
사용해야 하고, 그리고 그 이상의 일을 해야 한다! 종종 내용과 방
향을 말로만 제시하기 때문에 학생들은 활동을 시작할 때 모든 정
보를 염두에 두어야 한다.

모든 인지 과제의 기본은 감정이다. 감정이 고갈되면 학습 능력
도 고갈된다. 당신의 두뇌를 비우거나 물로 채울 수 있는 그릇이라
고 생각해 보라. 두뇌는 당신이 주의를 집중하거나 무언가를 해야
할 때, 강렬한 감정을 느낄 때, 또는 주변 환경에서 많은 일이 일어
날 때 채워진다. '환경'에는 외부 환경뿐만 아니라 자신의 몸과 생
각과 감정에서 오는 자극도 포함된다. 만일 당신이 분주한 환경에
서 이 장을 읽고 있거나, 가까이 잡담이 들리고, 혹은 몇 시간 뒤에
일어날 일에 대해 긴장하고 있다면, 읽고 있는 책의 내용에 크게 주
의를 기울이지 못할 가능성이 높다. 이미 당신의 두뇌는 꽉 채워져

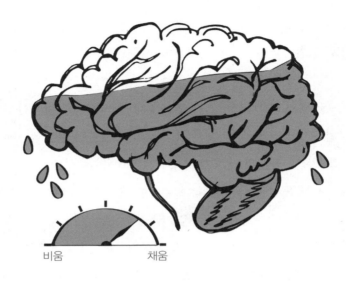

있기 때문이다. '인지 부하'는 과제를 완료하는 데 필요한 노력을 설명하는 방법이다. 인지 부하가 걸리면 과제 완수가 어려워지고 유연성이 감소할 수 있다.

참여를 통해 인지 부하 줄이기

우리가 가르치는 것과 관련하여 가장 많이 듣는 질문 중 하나는 "(뷔페 비유에서) '포크 들기'를 원하지 않는 학생이 포크를 들고 식사를 시작하게 하려면 어떻게 해야 합니까?"이다. 학생 모두를 학습에 참여하도록 하려면 어떻게 해야 하는가? UDL은 이 문제에 접근하기 위한 프레임워크를 제공한다.

수업 시간에 우리는 학생들이 과제를 할 준비가 되었다고 느끼는 방식에 다양함이 있음을 알고 있다. 수업 자료가 자신들과 관련이 있거나 실제적이며, 학습 환경이 안전하고 편안하며, 과제를 완료하는 데 도움이 되는 자원이 있다고 인식할 때, 학습 목표 달성에 필요한 단계를 더 잘 수행할 수 있다. UDL 가이드라인을 수업에 통합하면 학생들에게 과제 요구 사항을 도울 수 있는 자원을 이용할 수 있도록 유연한 옵션을 제공함으로써 학습에 필요한 감정을 지원하게 된다.

종종 간단한 솔루션으로 과제에 대한 학생들의 인식을 근본적으로 바꾸고 학습 참여에 영향을 줄 수 있다. 예를 들어, 교사가 학생에게 녹음된 읽기 자료를 듣게 하면 학생은 자신만의 속도에 맞추어 공부하고 일시 중지하거나 다시 듣기를 할 수 있다. 학생은 교사가 학급 전체에 해당 내용을 소리 내어 읽어 줄 때보다 읽기에 훨씬 더 깊은 이해를 보여 주고 토론에 더 잘 참여할 수 있다. 이러한 목표 중심의 UDL은 학습에 대한 학생의 참여를 지원하고 인지 부하를 줄여 주는 전략과 일치한다.

UDL 가이드라인은 수업을 준비하는 우리의 인지 부하를 줄여 주는 수단이기도 하다. 표상에 대한 옵션을 제공하면 학생들이 필요한 이해력을 갖게 하는 데 도움이 되어 더 도전적인 학습을 수행할 준비가 되게 한다. 행동 및 표현에 대한 옵션을 제공하면 학생들이 신체적 행동을 취하고 이해를 표현하거나 전달할 수 있다. 학습 목표를 향한 진전 상황을 모니터링할 수도 있다. 다음 이어지는 섹션에서 학생 참여를 위한 가이드라인에 특히 중점을 둘 것이다. 그래픽 조직자나 배경지식 제공이 어떻게 인지 부하에 도움이 되는지 아는 것은 간단해 보일 수 있다. 그렇지만 어떻게 참여가 인지 부하를 줄여 준다는 말인가?

교사가 자주 인용하는 참여 전략에는 수업을 시작할 때 게임으로 하는 'hook'이나 일종의 포인트 보상 시스템이 포함된다. 그러나 UDL은 참여에 대해 더 깊이 생각하도록 요구한다. UDL은 재미 측정기로 참여를 정의하는 것이 아니라, 학생의 관심을 끌고 지속적인 노력과 끈기를 기르며 자기조절을 도울 수 있도록 설계하는 방법이라고 참여를 정의한다. UDL 렌즈를 사용하여 당신 수업에서 참여에 대해 생각할 때 다음 질문을 스스로에게 물어보라:

- 적절하고 확실한 예, 학생들이 선택을 할 수 있는 방법, 잠재적 위협과 주의를 산만하게 하는 것을 최소화할 수 있는 옵션을 어떻게 찾을 수 있을까?
- 어떻게 하면 학생을 참여시켜 학습 목표를 뚜렷하게 하고, 과제를 위한 자원과 요구 사항을 다양화하며, 협력을 촉진하고 과정 중심 피드백을 제공할 수 있을까?
- 모든 학생에 대한 기대를 높이고, 학생들이 자신만의 대처 기술을 익히며, 중요한 학습 기술로서 자기성찰을 할 수 있게 하는 방법은 무엇일까?

물리학 교사인 Sheffield는 학생 참여에 대한 그녀의 좌절감을 들려주었다: 학생들은 일반적인 문제는 꽤 잘 풀었지만 더 어려운 문제는 대부분 해결하지 못했다. 차츰 문제들은 더 응용적이고 물리

학자처럼 생각하는 실제적인 기술이었다. UDL을 사용하여 이러한 참여 문제에 접근하기 위해 그녀는 더 많은 연습 문제를 제공하는 대신[수년 동안 늘 사용해 왔던 기술], UDL 참여 가이드라인으로 눈을 돌렸다. 그녀는 그 어려운 문제를 학생들과 더 관련 있게 만들 수 있는 방법에 대해 생각했고, 어려움을 줄이기 위해 '학습 뷔페'를 설정했다.

그녀는 학생들이 문제를 시작하는 방법을 이해하는 데 도움이 되도록 '시작하기' 촉진을 사용했다. 그녀는 학생들에게 짝과 함께(또는 혼자)하거나 안내 세션에서 교사와 함께 할 수 있는 옵션을 제공했다. 마지막으로 그녀는 비슷한 종류의 문제를 해결하는 방법을 보여 주기 위해 비디오 옵션을 녹화했다. 수업이 끝날 때 그녀는 '출구 티켓'[1]을 사용하여 내용 이해도를 평가했을 뿐만 아니라 학생들이 문제를 풀다가 막혔을 때 어떤 전략을 사용하여 끈기 있게 노력했는지에 대한 질문도 하나 추가했다. 결과적으로 그녀는 더 많은 학생이 높은 수준의 문제에 도전하고 성공적으로 참여하는 것을 보았다. 또한 이러한 문제들에 대한 토론의 질은 이전보다 훨씬 풍부해졌다. UDL 가이드라인이 어떻게 학습에의 참여를 깊이 있게 지원했는지 주목하라.

우리는 학생들의 학습 자료에 대한 참여가 항상 다양할 것이라고 예상할 수 있다. 한 학생에게 열의를 갖게 하고 흥미로운 것은

---

1) 역자 주: 'exit ticket'. 수업을 마치고 교실을 나가기 전에 학생들이 답해야 하는 짧은 퀴즈를 말한다.

다른 학생을 지루하게 할 수 있다. 학생들의 문화와 관련이 높은 옵션을 제공하고 실생활 사례를 사용하는 것은 학생에게 공부하고자 하는 마음을 불러일으키는 방법이다. 어떤 학생들은 극심한 트라우마, 불안 또는 스트레스를 가지고 학교에 올 것이다. 또 어떤 학생들은 자기조절과 학습 동기와 씨름할 것이다. 바로 여기서 학습을 위한 유연한 옵션이 가장 중요하다. 이는 인지 부하를 줄이고 더 공평한 기회를 제공한다. 학생들이 필요할 때 휴식을 취할 수 있게 하고, 필요하다면 돌아다니거나 또는 학습에 집중한 엄청난 순간을 계속할 수 있게 하는 유연한 기회를 설계함으로써 학습에 어려움을 겪는 더 많은 학생을 도울 수 있다. 이러한 전략은 간단해 보일 수 있지만, 진정으로 학생 참여의 다양성을 위해 수업을 설계할 때 부딪치게 되는 어려움을 해결할 중요한 전략이 될 수 있다.

당신은 어떠한가?

성찰 질문:

- 어떤 상황에서(가정이나 학교) 인지 부하를 완화하기 위해 어떤 전략을 사용하는가?
- 당신은 수업을 설계할 때 학생 참여를 어떻게 다루는가? UDL 참여 가이드라인은 당신의 접근 방식과 일치하는가?
- 먼저 당신이 할 수 있는 작은 변화는 무엇인가?

UDL 실행으로 교사 참여

여러분 중 일부는 너무 부담스럽다고 말할 수도 있다! 긴 UDL의 체크포인트 목록에 압도당한 것이다. 우리는 당신 하루가 여러 일정으로 바쁘다는 것을 알고 있고, 수업을 디자인할 때 UDL을 적용하려는 시도가 당신에게 인지 과부하를 일으키고 부담스럽게 느낀다는 것을 잘 알고 있다. 추가 옵션과 선택을 별도로 계획하는 일에 시간을 많이 들여야 하니 큰 부담으로 여겨질 것이다. 처음에는 물론 그렇다. 당신의 일상과 오랜 습관에 작지만 변화를 만들고 새로운 방식으로 수업을 설계하는 데 시간이 소요되기 때문이다.

참여 향상을 위해 UDL에서 영감을 받은 전략과 방법을 수업 디자인에 통합하려면 신중한 노력이 필요하며 처음에는 특히 상당한 집중이 요구된다. 그러나 차츰 이러한 간단한 변화가 익숙해지면서 당신과 학생 모두에게 힘이 덜 든다. 당신은 시간이 지남에 따라 학습 목표를 명확히 하고, UDL 가이드라인에 따라 예측되는 다양성을 위한 옵션을 계획하고, 참여를 우선시하는 UDL 사고방식을 갖게 되면서, 수업에 UDL을 통합하는 일이 한결 수월해진다. UDL이 새로운 수업 방법의 일부가 되는 것이다. 늘 사용해 왔던 수업 기법을 바꿀 인지적 에너지를 얻기 위해 언러닝 사이클을 사용해야 하는 데 당신의 참여는 필수적이다.

언러닝은 위험을 감수하고 새로운 시도를 하는 것이다. 당신이 불편함을 느끼고 그것을 포용하는 경험에서 느끼는 '아하!' 순간을 의미한다. 이것은 개념적 변화의 전환점(tipping point)이다. UDL 개척자이자 플로리다 대학교 K-12 발달 연구학교 교사인 Jon Mundorf는 이를 '잠깐, 뭐지?' 순간이라고 부른다. 이 전환점은 진정한 참여의 특징 중 하나이며, 이는 학생뿐만 아니라 교사인 우리에게도 적용된다.

미운 오리 새끼도 이런 경험을 했는데, 마침내 연못에 비친 자신의 모습을 본 후 자신이 아름답다는 것을 깨닫고 "잠깐, 뭐지? 이게 나야?"라고 말한 것이다. 잠시 후 공주는 개구리가 왕자로 변해 가는 모습을 동경하는 눈빛으로 바라보지만 자신의 흑심 때문에 기회가 없어졌다는 것을 깨닫고 후회하는 순간이다. "잠깐, 뭐지? 내가 왕자에게 키스할 수 있었던 거야?" 당신이 최선의 실제를 사용해 모든 학생의 요구에 잘 부응해 왔다고 자신하였는데, 처음으로 UDL을 접하고서는 당신에겐 창의성이 필요하고 기존의 관행을 모두 언러닝해야 UDL을 진정으로 배울 수 있다는 사실을 깨닫는 순간이다.

이 순간은 마치 우리 자신이 교육자라는 인식을 완전히 버리는 것처럼 불안할 수 있다. 그러나 그 불편함은 더 배울 것이 있고 목적이 있으며 예전에는 존재했을 것이라 확신조차 하지 못하는 길을 걸어야 한다는 신호이다. 우리 학생들이 그걸 느끼고 받아들이길 바라며 그러기 위해서는 우리 스스로가 먼저 받아들여야 한다.

놀라운 순간을 공유하라

우리의 습관과 루틴이 아무리 고착화되어 있더라도 우리 두뇌는 유연하며 놀라울 정도로 짧은 시간 안에 그것을 바꿀 수 있다. 심지어 성인의 뇌도 해마에서 매일 수백 개의 새로운 뉴런을 얻는다! 모든 뇌는 변할 수 있다. 당연히 일부 변화가 처음에는 불편하게 느껴질 수 있지만, 그렇기 때문에 함께 일하고, 참여에 집중하고, 교실에서 우리가 하고 있는 일과 시도하는 일, 그리고 이것이 학생들에게 미치는 영향을 공유하는 것이 매우 중요하다.

앞서 논의한 바와 같이 불일치 사건은 우리의 기대를 무시하는 순간이다. 그러한 불일치 사건들은 예상치 못한 결과를 가져오기 때문에 우리를 놀라게 하거나 방심하게 할 수 있다. 우리는 이러한 순간에 대해 궁금해하고 직접 시도해 보고 싶을 수 있다. 다이어트 콜라와 멘토스 실험을 해 본 사람은 몇 명인가? Yanny로 들리는가 아니면 Laurel로 들었는가?[2] 드레스는 금색과 흰색인가 아니면 파란색과 검은색인가?[3] 불일치 사건은 우리의 다년간 경험과 기대에 도전하므로 간단한 어림짐작(heuristics)에 의존해 설명하려고 해도

---

[2] 역자 주: 누구에게는 'Yanny'로 들리고 누구에게는 'Laurel'로 들린다는 오디오 클립으로 인터넷상에서 논쟁이 있었는데, 두 단어는 유사한 소리 패턴을 가져서 주파수 높낮이에 따라 'Yanny'로도 들리고 'Laurel'로도 들리기 쉽다고 한다.

[3] 역자 주: 어느 회사에서 2가지 색깔의 레이스가 가로 줄무늬로 겹쳐 있는 원피스 드레스를 만들었는데 보는 사람마다 드레스 색깔이 금색과 흰색으로 또는 파란색과 검은색으로 보였다.

할 수 없다. 상황을 지나치게 단순화하거나 일어난 일에 대해 깊이 이해하려 노력할 수 있다(Longfield, 2009). 완전한 어둠 속에서 사과를 빨간색으로 '보지 않게' 도와줄 불일치 사건이 있을지 생각해 볼 수 있다. 교사들이 언러닝 사이클을 거치지 않고도 UDL을 '배울 수 있는' 불일치 사건이 과연 무엇일까 궁금하다.

효과적인 불일치 사건은 명확하고 분명해서 우리의 현재 사고 방식이 역기능한다는 것을 인식할 수 있게 한다. 우리는 Yanny를 'day'처럼 선명하게 듣기 때문에 다른 누군가가 Laurel을 들었다는 것이 불가능하다고 가정하거나, 또는 더 많은 것을 배우려고 노력할 수 있다. 교실이나 학교에서 일어나는 불일치 사건은 우리가 잠시 멈춰 방금 일어난 일에 대해 성찰하고 행동을 바꾸도록 만들기에 충분할 정도로 강력할 수 있다. 예를 들어, 일부 교육자는 UDL을 실행하기 시작했을 때 교실에서 발생하는 불일치 사건에 대해 설명했는데, 이는 학습을 계속하도록 참여시키는 강력한 방법이 되었다.

- "장애학생을 위한 우리 교육청 PPI[4)는 3년 만에 29에서 79로 향상되었습니다. 주 평균은 53에서 51로 떨어졌는데도 말입니다." −K-12 부교육감

---

4) 역자 주: 학부모의 힘 평가지표(Parent Power Index). '학부모의 힘(Parent Power)'은 학부모에게 양질의 교육 옵션을 제공하고 자녀 교육에 대한 현명한 결정을 내릴 수 있도록 좋은 정보를 제공하는 것이다. PPI는 소득이나 자녀의 학업 성취 수준에 상관없이 학교에 참여하고 자녀 교육에 영향을 미치는 교육 시스템에서 목소리를 낼 수 있는 부모의 능력을 측정한다.

- "올해 정학 건수가 82% 감소했습니다. 전에는 상상조차 할 수 없던 일이지요." ─중학교 교장
- "모의고사를 치르는 학생이 80% 증가했고 올해는 단 1명의 학생도 제 수업에서 낙제하지 않았습니다." ─대학 교수

이 교육자들이 불일치 사건, 즉 기대와는 다른 일이 벌어진 순간을 설명하기 위해 더 깊이 살펴본 결과, UDL이 수업 설계에 통합되었다는 것을 알았다. 각각의 시나리오에서 예상하고 기대했던 결과가 그대로 일어나지 않았다. 이러한 상황을 설계하고 목격한 교사들에게 불일치 사건은 학생들이 교실에서 학습하는 방식에 대한 교사 인식을 바꾸었고 가르치고자 하는 열정을 다시 불러일으켰다. 그리고 많은 사례에서 그 교사들은 UDL의 열렬한 지지자가 되기 시작했다! 그들은 학습 경험 설계가 학생들의 광범위한 요구를 충족시킬 수 있을 뿐만 아니라 학습에 대한 더 깊은 참여로 이어질 수 있음을 직접 경험한 것이다. 그들은 UDL이 수업을 혁신하는 데 어떻게 도움이 될 수 있는지 보았고, 이전의 사고방식이나 수업 설계 방식으로 돌아가고 싶지 않았다. 실행 중인 UDL의 증거를 보면서 참여, 성찰 및 계속적인 혁신에 영감을 받았다. 그들은 동료 교사들이 UDL을 채택하도록 영감을 줄 수 있기를 바라며 흥미진진한 순간을 동료들과 공유하기까지 했다. 그러나 그들은 언러닝 사이클을 거치지 않았기 때문에, UDL 레몬주스를 거부하거나 아직 마실 준비가 되지 않았을 것 같다.

여전히 확신이 서지 않는다면

여전히 당신은 UDL 프레임워크에 대해 걱정하고 있을 수 있다. UDL은 복잡하고 시간이 걸리며 노력과 에너지가 필요하다(보통 수업 시간에 필요한 에너지 그 이상!). 아마 당신은 학생들이 잘못된 학습 선택을 하거나, 옵션을 제공하면 항상 '쉬운' 선택을 할까 걱정할 것이다. 학생들이 다른 방식으로 공부하면 수업을 통제하지 못할까 걱정할 수 있으며, 이로 인해 학습 환경을 디자인하는 방법을 바꾸는 것에 불안해할 수 있다. 게다가 UDL을 시도할 인지적 에너지가 남아 있지 않을 수도 있다. 하지만 결국 대부분의 학생은 기본적으로 괜찮지 않은가? UDL은 너무 큰 변화처럼 보일 수 있다. 당신 수업에서 리스크가 잠재적이거나 보이지 않는 이점에 비해 너무 높아 보일 수도 있다.

불일치 사건은 예상하고 기대한 결과로 이어지지 않기 때문에 우리가 지닌 '문제'에 관해 대안적인 결과를 제공함으로써 우리의 루틴을 흐트러 놓는다. 만일 '그' 학생이 수업 중에 스타가 될 수 있었다면? '그' 학생이 다른 누구도 고려하지 않은 통찰력을 갖고 있고, 심지어 교사인 당신도 이전에 생각하지 못한 새로운 방식으로 문제를 보았다면 어떨까! 학생들이 학습에서 성공과 '아하!' 순간을 경험할 때, 그것은 그 교사에게 가장 매력적인 순간 중 하나일 것이다. 불일치 사건을 경험하는 가장 좋은 방법은 간접적으로 듣는 것이 아니라 직접 경험하는 것이다!

언러닝 사이클을 지속하라

이 언러닝 사이클의 네 번째 단계에서는 수업과 학습 경험의 설계를 실제로 바꾸기 시작한다. 우리는 변화를 위해 인지적인 에너지가 필요하고 과거의 일상으로 되돌아가기가 너무 쉽다는 것을 알고 있다. 그러나 여러분의 학생들에게서 보게 될 참여와 교육자로서 느낄 수 있는 참여는 전염성이 있을 것이다! 이 단계에서 교실이 다르게 보이고 느껴지기 시작할 것이며, 계속해서 수업에 1가지 더 시도하고 싶게 만들고 동기를 부여하는 불일치 사건을 경험할 가능성이 높다.

당신은 이런 이야기를 듣게 된다:

- "제가 왜 이것을 가르치는지, 이것이 올바른 목표이며, 왜 학생들이 관심을 가져야 하는지에 대해 더 생각하게 되었습니다."
- "일 년 내내 한 페이지 이상을 쓴 적이 없는 학생이 관심 있는 자신만의 비교 에세이 주제를 선택하게 했더니 오늘 세 페이지 넘게 쓰더군요."
- "저는 학생들을 참여시킬 수 있는 법을 알아요. 학생 문제가 아니라 수업 디자인이 문제입니다."

이 시점에서 UDL 불일치 사건을 아직 경험하지 못한 교사가 있다면 "저는 여전히 실제 UDL 사례를 더 보고 싶습니다."라는 말을 당신은 계속 듣게 될 것이다. 매우 일반적인 요청이다. 모든 교사는 자신만의 속도로 언러닝 사이클을 거쳐야 하며, UDL을 완전히 수용하는 가장 효과적인 방법은 자신의 상황에서 이를 경험하는 것이다. 당신이 UDL을 지원하기 위해 일하는 코치 또는 관리자라면 교사들에게 참고할 만한 유연한 UDL 옵션을 계속 제공하고 당신의 여정에 대해서도 나누어 주기 바란다.

당신은 어떠한가?

성찰 질문:
- UDL 실행에 참여하는 데 어떤 어려움이 있는가?
- UDL을 실행할 때 처음 작은 단계를 수행하도록 동기를 부여하는 중요한 것은 무엇인가?
- UDL 실행의 결과로 수업에서 일어난 불일치 사건 또는 '놀라운 순간'을 함께 나누어 줄 수 있는가?

당신의 생각을 낙서해 보라

제5장 전문적 학습자로 성장시키기 위해 파일럿 불꽃을 다시 키라

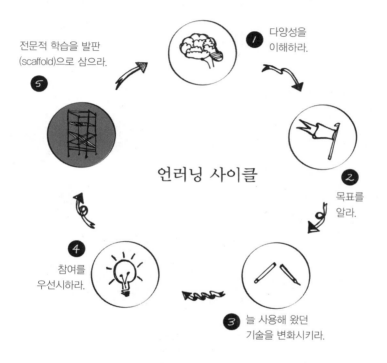

전문적 학습을 발판 (scaffold)으로 삼으라.

⑤

언러닝 사이클

① 다양성을 이해하라.

② 목표를 알라.

③ 늘 사용해 왔던 기술을 변화시키라.

④ 참여를 우선시하라.

- 이미지 1: 의자에 앉아 있는 아이들이 쿠키를 만드는 셰프를 구경하고 있다. 모두가 셰프를 볼 수 있는 건 아니다. 방해물: 카운터의 높이. 베이킹 과정을 모든 아이가 볼 수 없다.
- 이미지 2: 아이들이 카운터에 각자 필요한 의자에 앉아 쿠키를 만드는 셰프를 구경하고 있다. 방해물: 모든 아이가 베이킹 과정을 볼 수는 있으나, 쿠키를 만드는 경험을 할 수는 없다.

평등함(equality):

같은 지원으로 모두를 도울 수 없다.

공평함(equity):

각자의 다양성에 따라 필요한 지원을
제공하고 방해물을 없앨 수 있다.

전문적 학습(expert learning):

개별적 요구에 집중함으로써 공평함을
추구함과 동시에 참여와
관계를 지향할 수 있다.

• 이미지 3: 아이들이 각자 다른 곳에 앉아 있다. 테이블, 카운터, 혹은 작업용 책상에 앉아, 보는 것뿐만 아니라 직접 베이킹이라는 목표에 적극 참여할 수 있다. 자신만의 맛있는 쿠키를 굽는다는 목표를 가지고, 환경 내 옵션을 사용하여 각자의 결정을 내릴 수 있다.

전문적 베이커

우리의 교실이 베이킹 보조를 몇 명 둔 셰프의 작업공간이라고 생각해 보자. 각각의 스케치에서 보조들은 각자 먹을 간식으로 본인만의 맛있는 쿠키를 만드는 것이 목표이다.

당신이 목표 지향적인(goal-directed) 교육과정 설계의 중요성을 안다면, 앞의 스케치들은 UDL을 시각화하여 요약한 것을 알 것이다. 각 스케치에서 목표는 배우는 학생들이 간식으로 먹을 맛있는 쿠키를 굽는 것이다. 첫 번째 스케치는 평등함(equality)을 상징한다. 모두에게 의자를 주고 쿠키 만들기 과정에 참여하게 한다. 하지만 당신도 보다시피, 똑같은 자원을 제공했을 때 단 1명의 아이만 베이킹 과정을 볼 수 있다. 중간 스케치는 공평함(equity)을 상징한다. 각 학생은 다른 자원이 필요하다. 이 장면에서 각기 다른 의자는 각기 다른 학생을 위한 것이며, 쿠키 굽는 활동이야 '같은 방식을 모두에게 적용(one-size-fits-all)' 하긴 해도, 활동에 접근하고 상호작용하는 각기 다른 방법을 제공한다. 하지만 여전히 방해물은 존재한다. 모든 학생이 '볼 수'야 있지만, 본인들에게 의미 있고 개개인에 맞춘 방법으로 참여를 할 수는 없는 것이다.

세 번째 스케치에서 우리는 우리의 시선을 환경 설계에서 방해물을 제거하는 것으로 돌리고, 동시에 학생들로 하여금 가지고 있는 도구들을 이용해 목표를 달성하도록 지지한다. 목표와 학습동기가 뚜렷하고, 풍부한 자원과 지식을 활용하며, 전략적이고 목표지향적인 전문 학습자를 양성하게 한다. 이 이미지의 목표는 '맛있는 쿠키를 만드는 것'이다. 베이커들은 제공된 여러 가지 의자와 자원을 사용해 목표에 이른다.

이 이미지를 염두에 두고, UDL 가이드라인이 교육자들로 하여금 어떻게 의도적인 설계를 통해 방해물을 예측하고 예방하게 하는지 알아보자. 이 섹션을 읽다 보면, 당신 역시 추가적인 의견이 있을 수 있다. 아주 좋은 자세이다. UDL 전략은 각 교육자에게, 각 교실에 고유한 방법으로 적용되기에 이러한 의견은 환영한다.

참여의 원리를 통해 우리는 다양성을 예측할 수 있다: 어떤 학생들은 관심 있게 참여할 것이고, 어떤 학생들은 아닐 것이다. 어떻게 하면 쿠키 만들기가 그들에게 더 연관이 있을 수 있을지(어떤 학생은 할머니의 쿠키 레시피를 들고 올 수도 있을 것이다), 또는 협업의 기회를 줄 수 있을지(어떤 학생은 함께 만들고 싶어 할 수도, 어떤 학생은 헤드폰을 끼고 혼자 만들고 싶어 할 수도 있다) 생각해 보아야 한다. 어떤 학생은 메인 셰프(교사)와 차근차근 만들고 싶어 할 수도 있고, 샘플을 보며 어떤 쿠키가 좋은 쿠키인지 이해하고 싶어 할 수도 있다.

표상의 원리를 통해 어떤 학생은 이미 베이킹을 할 줄 알고, 반면에 어떤 학생은 뒤집개도 한 번 잡아 본 적 없다는 것을 생각할 수 있다. 그러므로 셰프가 쿠키를 만드는 영상을 보거나, 레시피를 주거나, 설명과 함께 그림이 있는 레시피를 보거나, 베이킹 (TV) 쇼의 시범 보이기까지 모두 필요한 배경지식을 키워 줄 수 있다. 하지만 모든 학생이 이 모든 것을 해야 할 필요는 없으며, 본인이 필요한 대로 결정하게 할 수 있다.

행동 및 표현의 원리를 통해 다시 한 번 다양성을 예측할 수 있다. 어떤 학생은 팔에 깁스를 했을 수도, 어떤 학생은 반죽을 치대기 힘들어할 수 있다. 어떤 학생은 체크리스트를 통해 차근차근 해야 하거나, 어떤 학생은 디지털 시뮬레이션(쿠키 베이킹 앱 등)을 통해 베이킹을 시도해 볼 수도 있다. 각 '베이커'에게 진정으로 결정권이 주어진다면, 쿠키를 굽는 경험은 각 학생마다 천차만별일 것이며, 이것이 바로 UDL 이 각 교실마다 다른 모습인 이유이다. 기억하라, 목표가 중요하다. 목표가 달라지면 설계와 그에 따른 결정들도 달라진다.

이러한 교육 비전은 참 단순해 보인다: 목표에 도달하지 못하게 하는 방해물을 없애고 더 고차원적이고 의미 있는 목적에 집중하라. 모든 학생이 배웠으면 하는 전문적 기술이나 내용에 집중하라는 것이다. 이를 위해 UDL 가이드라인이 있고, 언러닝 사이클을 통해 우리에게 필요한 변화를 꾀할 수 있다.

우리가 방해물을 없애는 것에 집중할 때 놀라운 변화가 시작된다. 학생들에게 라벨을 붙이기보다는, 방해물을 없앨 수 있는 다른 전략과 수단을 논할 수 있는 토론의 장을 열 수 있다. 학습을 지원하기 위한 공동체와의 협업을 통해 우리는 위험 또한 감수할 수 있게 된다.

　UDL로 모든 학습자에게 다가가는 것은 단순히 자료와 재미있는 활동을 제공하는 것이 아니다. 의도적이고 융통성 있는 옵션을 제공함으로써 학생들이 학습의 과정에 참여할 수 있는 새로운 방법들을 발견하게 하는 것이다. 이로 인해 학생들은 활동적이 되고, 목적을 갖고 동기부여를 받을 수 있다. 교육과정이 학생들로 하여금 이미 아는 것을 복습하며 배경지식을 쌓고, 뚜렷하고 의미 있는 학습의 목표를 향해 갈 수 있게 해 줄 때 학생들은 변화된다. 그들은 활용할 수 있는 자원과 지식이 풍부해지며, 새로운 배경지식을 쌓을 수 있게 본인에게 필요한 재료와 자원이 무엇인지 배운다. 왜 우리는 그저 '선생님 반대편의' 카운터 자리에 앉아 주어진 일만 하는 학생들로 만족해야 하는가? 우리는 모든 학생이 더 전략적이고 목표 지향적이길 바란다.

　전문적 학습은 여러 분야에서 다양할 수 있다. 예를 들어, 전문적 과학자는 전문적 역사학자 또는 음악가와는 다를 것이다. 하지만 UDL 가이드라인은 다양한 분야에서 참여, 배경지식, 그리고 행동에 다다르는 공통적인 로드맵을 그려 줄 수 있다.

　본인의 이해도를 높이기 위해 필요한 것이 무엇인지 알고, 도전이 되는 일을 통해 자기조절력을 기르며, 본인이 아는 것을 표현해 낼 줄 아는 학생들이 되길 원하지 않는가? UDL은 학습자에게 이러한 변화를 일으킨다. 학생들은 도전적인 목표를 세우고 도달할 뿐

방해물을 없애거나 감소시키라

목표에 도달하지 못하게 하는 방해물을 없애고 더 고차원적이고 의미 있는 목적에 집중하라.

전문적 학습을 지지하라

모든 학생이 배웠으면 하는 전문가 기술이나 내용에 집중하라.

도구와 자원을 사용하라

UDL 가이드라인을 통해 방해물을 없애고
전문적 학습을 지지할 수 있다.

언러닝 사이클을 통해 우리가 원하는
변화를 실행할 수 있다.

만 아니라, 남은 평생을 전문적 학습자가 되게 할 것이다.

높은 기대치를 가지라

전문적 학습에 있어 가장 큰 방해물은 우리의 기대치이다. 다시 말해, 학생들이 본인에 대해 가지는 기대치이다. "이 학생은 이걸 잘하고 저걸 못해."라는 말을 학부모, 학생 스스로 또는 동료 교사로부터 한 번쯤 들어 본 적이 있으리라.

『Pygmalion in the Classroom: Teacher Expectation and Pupils' Intellectual Development』(Rosenthal & Jacobson, 1968)는 교사 기대치(teacher expectancy)에 대해 처음 출판된 연구이다. 여기서 교사들은 학기 초 특정 몇 명의 학생이 소위 말해 학업적 잠재력을 가늠할 수 있는 시험에서 높은 점수를 받았으며, 고로 학기 동안 지적으로 '꽃 피울 것'이라고 들었다. Rosenthal과 Jacobson은 교사들이 이 '꽃 피울' 특정 학생들에게 높은 기대치를 가지고, 그 학생들에게 다르게 행동할 것이며, 이로 인해 그 학생들의 IQ가 높아질 것이라고 예상했다. 연구 결과 예상한 가설이 맞았고, '꽃 피울' 학생들로 랜덤 배정된 학생들은 대조군(control group)의 학생들에 비해 현저히 높은 IQ를 획득했다. 너무나 강력한 사실이기에 다시 한 번 말한다. 랜덤으로 배정되었음에도 불구하고 학업적 성과가 높을 거라고 기대했던 학생들이 실제로 학업적 성과가 높았다!

피그말리온 연구는 교실에서 학생을 향한 교사의 기대치가 얼마나 큰 영향력을 끼치는지 보여 준다. 또 다른 실험은 교사들에게 소위 열등생들이 사실은 제일 우등생들이라고 알려 주었는데, 학기가 끝난 후 실제로 이 '열등생'들이 제일 월등하게 수행했다. 우리의 기대치와 라벨이 자기실현적 예언(self-fulfilling prophecy)이 되는 것이다.

당신은 어떠한가?

성찰 질문:

'교사 기대치'라는 개념은 너무도 중요하기에 여기까지의 내용을 다시 읽어 보거나 복습하는 시간을 가지길 바란다.

- 각 학생을 향한 당신의 기대치는 무엇인가?
- 뚜렷한 목표와 융통성 있는 수단을 추구하는 UDL로의 변화가 집단화와 라벨이 암시할 수 있는 기대 효과의 일부를 어떻게 감소시킬 수 있다고 생각하는가?

그렇다면, 왜 '기대치'가 그렇게 큰 영향을 끼치는 것일까? 교사 기대치의 강력한 영향은, 학생들이 의식적으로든 무의식적으로든 그 기대치에 맞춰 본인의 학업능력을 조정하기 때문이라고 볼 수 있다(Al-Fadhli & Singh, 2006). 이는 3가지 단계로 진행된다. 첫째, 교사들은 학생의 미래의 수행에 대해 기대를 가진다. 둘째, 교사들은 그러한 기대치에 따라 학생들을 대한다. 셋째, 이러한 행동이 학생들에게 영향을 끼친다. Robert Merton(1948)은 어떠한 일이 일어날 것이라고 믿는 것이 설령 틀렸더라도 그 믿음 때문에 그 일이 일어나는 현상을 일컬어 '자기실현적 예언'이라고 칭했다.

예를 들어, 영재교육 프로그램만 봐도 그렇다. 우리가 그러한 프로그램을 비판하는 것이 아니다. 우리는 모든 학생이 양질의 교육을 받아야 한다고 생각하기 때문에, 이러한 프로그램이 물론 좋다고 생각한다. 하지만 이러한 영재 프로그램이 일찍부터 예측 가능한 방면으로 재능을 보여 주는 학생들에게만 국한되어서는 안 된다. 우리는 오랜 기간 교사로서 몇천 명의 학생과 몇만 명의 교사와 일했다. 우리는 경험을 통해 모든 이가 뛰어난 능력이 있다는 것을 안다. 모든 학생은 엄청난 잠재력이 있어 설령 그 잠재력을 보기 위해 노력을 해야 할지라도 절대 무시해서는 안 될 것이다. 교사들도 마찬가지이다. 적게 보상받고, 과중한 업무에 치이며, 결정하는 것 하나하나 온 세상에게 시달리는 것도 감수하고, 국가의 미래를 위한 사명만을 붙들고 교사라는 직업을 택한 자들이다.

하지만 우리가 그들을 믿고, 그들에게 기대하고, 그들의 직업적 성장을 위해 최상의 '영재 교육'을 제공한다면 그만큼 끈기를 갖고 성취할 이들이다. 영재 프로그램의 장점은 모든 학생에게 도움이 된다는 것이다. 각 학생의 필요에 맞는 도전적이고 개별적인 성장 프로젝트의 기회인 것이다. 우리가 피그말리온 실험으로부터 알 수 있는 것은 그렇다고 믿기만 하면 모든 학생이 영재라는 것이다.

파일럿 불꽃[1]을 다시 키라

　매사추세츠의 혹한기에 주말을 보내고 있는데 온수 보일러가 꺼졌다고 상상해 보라. 따듯한 샤워를 기대했는데 머리를 감기 위해 가스레인지에서 물을 끓이고 있는 당신을. 지하로 내려가 배수관을 점검해 본 친구가 말한다. "파일럿 불꽃이 꺼졌는 걸, 다시 불을 붙일 수가 없어." 대단한 문장은 아니지만, 교실에서 이따금 일어나는 일을 요약하기에는 충분하다. 우리는 교실에 들어서면서 학생들과 눈이 마주친다. 어떤 학생들은 배울 준비가 되어있지만, 어떤 학생들은 학습의 즐거움에 다시금 불을 붙여 주어야 한다. 가끔씩 우리가 아무리 노력을 해도 어떤 학생들은 학습에 참여하지 못한다. 그들의 파일럿 불꽃이 꺼졌지만 우리가 다시 켤 수가 없다.

　우리는 전문 학습자로 태어나지 않았으며, 그렇게 되는 것이다. '러너(runner)'라는 단어를 생각해 보라. 많은 이가 자신들을 '러너'라고 부른다. 길에서 뜀박질하는 아이들, 5km 경주를 뛴 어른들, 마라톤 선수들, 마라톤 우승자들, 심지어 울트라 마라톤 선수들 (ultramarathoners). '러너'의 연속선상에 있지만, 그들이 갖고 있는 능력과 노력, 끈기를 가지고 더 유능한 러너가 될 때까지 책임감을 다해야 한다는 것은 같다.

---

1) 미국의 일부 지역에서는 온수를 데워 주는 물탱크가 있고, 그 아래 작은 구멍에 물탱크가 정상으로 작동함을 알려 주는 이른바 파일럿 불꽃(pilot light)이 있다. 불꽃이 꺼지면 고장의 신호이며 재가동을 시켜 불꽃이 다시 붙게(relight) 해 주어야 한다.

Katie는 아이 넷의 엄마이다. 그녀와 남편 Lon이 Spartan Beast (장애물이 30가지가량 있는 하프마라톤의 한 종류)에 참가한 후, 그녀의 아이들도 어린이 스파르탄 레이스(Spartan Race for kids)에 참가했다. 진흙투성이로 옥수수밭을 가로지르고, 밧줄로 만든 구조물을 오르고, 짚더미들을 뛰어넘었다. 초등학교 1학년이 된 그녀의 아들 Brecan은 작문 워크숍(Writer's Workshop)에서 이때를 회상하며 이야기를 써 내려갔다. "처음에는 이기고 있었다. 그 후로는 지고 있었다. 그 후로는 마지막으로 통과했다." 그의 이야기의 마지막에는 메달을 목에 걸고 미소를 띤 자신의 모습을 그린 그림이 있었다.

레이스 이후 Katie의 아이들은 말했다. "엄마, 우리는 엄마와 같은 '러너'들이에요." 어떤 의미로는 맞는 말이다. 그들은 언젠가 그들이 원한다면 마라톤을 뛸 수 있는 자원이 있다. 그들은 더 빠를 필요도, 최고의 신발을 살 필요도 없다. 단지 계속해서 뛰기 '원하고', 함께 뛸 친구들, 그리고 비틀어진 발목이나 물집, 혹은 목발로부터 다시 일어날 수 있는 정신적 힘이 필요할 뿐이다. 더울 때나 추울 때나, 비가 올 때도 뛸 수 있을 만큼 열정이 있으면 된다. 이것이 진정한 '참여'이며, 물론 늘 즐겁지는 않겠지만 목표가 뚜렷하고 의미 있다면 '러너'들은 끈기 있게 노력할 것이다.

Katie Novak의 아이들은 최적화된 회복 전략, 최상의 워밍업과 트레이닝 비법, 그리고 휴식하는 방법을 터득해야 할 것이다. 그들은 또한 실제로 행동으로 옮겨 뛰고, 뛰고, 또 뛰어서 더 멀리, 더 빨리 뛸 수 있을 때까지 노력해야 할 것이다. 요약하면, Novak의 아이들은 모두 '전문적 러너'가 되어 가는 것이다.

***

　우리는 교육자로서 학생들이 자기주도적이고, 동기를 갖고, 목표 지향적으로 학업에 임하고 최상의 학습을 경험할 수 있도록 하여 전문가가 되도록 가르치고 본보기가 되어 주는 데에 힘써야 한다. 어떨 때는 이것이 정말 어려운 일이다. 하지만 앞서 말한 온수 보일러처럼 우리는 학생들이 포기하게 냅두어서도 안 되며 우리 역시 포기하면 안 된다. 우리는 모든 학생에게 높은 기대치를 가져야 한다. 우리의 믿음이 큰 영향력을 끼치기 때문이다. 우리의 학생들은 실질적인 방해물로 인해 배우는 것이 어려울 수 있지만, 교실에서 학습에 대한 목표와 기대를 세워 주는 것은 교육자들인 것이다. 모든 학생이 참여하고, 중요시되며, 학습에 있어 자율성을 가질 수 있도록 환경을 조성해 보자. 우리의 사고방식과 설계를 통해 이룰 수 있다. 단순히 기준점과 시험 점수에만 국한된 것이 아닌, 교실 이후 삶에서 사용할 수 있는 전문적 기술, 습관, 그리고 실제를 길러 주는 것이다.

　이를 위해서는 학생들과 협업하여 그들의 목소리가 설계를 좌지우지하게 해야 한다. 믿음을 필요로 하는 일이다. 특히나 교사와 디자이너로서 교육받은 건 학생들이 아닌 우리기 때문이다. 우리가 학생이었을 때 우리의 선생님들이 수업을 설계해 주셨다. 학생들에게 당신의 계획을 모두 보여 주는 것이 불편할 수도 있겠지만,

그들이 무언가 기여할 수 있다는 것을 믿어 주는 것 자체가 우리가 그들에게 큰 기대치를 갖고 있다는 것의 증거이다. 우리는 학생들이 공동디자이너(codesigner)가 되길 바라지, 관찰자가 되길 바라지 않는다. 잠시 앞서 말한 베이킹 이야기로 돌아가면, 우리는 학생들이 본인만의 레시피를 정하고 여러 베이킹 기술을 시도해 보기를 원하지, 단순히 카운터 의자에 앉아 우리(교사)를 쳐다보기만을 바라지 않는다.

UDL의 힘은 교육 전반에 걸쳐, 대학교와 직장생활을 할 때, 그들의 꿈을 꽃 피울 때 사용할 수 있는 학습과 설계에 대한 언어를 학생들이 습득할 수 있도록 우리가 학생들과 나눌 때 나타난다. 학생들은 교사들과 함께 고차원적이고 도전적이며 의미 있는 목표를 세울 수 있다. 그들이 목표를 이루기 위해 사용할 수 있는 옵션을 설계하는 데에 도움을 줄 수 있다. 현존하지 않는 직업들이 많이 생길 수 있는 미래를 바라볼 때, 전문적 학습 능력을 키우는 것은 매우 중요한데 이는 새로운 맥락에서 적응하고 성공할 수 있게 해 줄 것이다. 전문적 학습자는 목표를 세우는 방법과 목표에 도달하기 위해 필요한 고유 경로를 탐색할 줄 안다.

예를 들어, 학생들에게 주제를 1가지 주고 본인의 주장과 이를 뒷받침하는 근거를 써 보게 하는 초등학교 교실 수업을 상상해 보라. UDL 이전 모델은 모든 학생에게 같은 주제를 주고 모두가 같은 방식으로 주제를 이해하기를 기대할 것이다. 전형적인 촉진은 학생들로 하여금 제일 좋아하는 음식에 관해 짧게 연설을 하게 하고 3가지 이유를 이야기하라고 할 수도 있을 것이다. 하지만 우리의 목표는 좋아하는 음식을 말하는 것보다 더 나아가는 것이다. 학생들을 전문적 학습자로 지지해 주고, 그들을 향해 높은 기대치를 세우는 것은 이런 말을 의미한다: "본인만의 주장이 있는 주제를 골라 보세요. 제일 좋아하는 음식일 수도 있고, 학교에서 개설하고 싶은 클럽 활동일 수도 있고, 또는 더 나아가 가 보고 싶은 나라나 세우고 싶은 법안이 될 수도 있지요. 시간을 두고 여러분이 의견을 갖고 있는 것들에 대해 여러 가지 써 보세요. 그리고 그중 반 친구들과 나누고 싶은 주제를 하나 고르세요." 다음 단계는 어떤 식으로 의견을 나누고 싶은지 물어보면 좋을 것이다. 어떤 학생들은 연설을 하고 싶어 할 것이고, 어떤 학생들은 팟캐스트를 녹음하던가, 글로 쓰던가, 편지를 쓰고 싶어 할 수도 있다. 우리가 학생들과 함께 수업 설계에 대해 책임을 공유할 때 어마어마한 가능성이 열린다.

학생 자율성

　다음 이미지를 보고 당신의 교실은 어떤 구조로 되어 있는지 생각해 보라. 주요 인물은 어디 있는가? 누가 학습의 주도권을 잡고 있는가? 당신의 교실을 어떻게 진단할 것인가?

　세 번째 이미지는 학생들의 자율성을 상징하지만, 위압적일 수도 있다. 30명의 1학년 학생에게 도움(scaffolding) 없이 본인의 열정을 찾아 전문적 학습을 추구하라고 말할 수 있을까? 교육적 성과는 혼란스러운 걸 넘어 처참할 수도 있다!

UDL 코치 Bryan Dean은 학생들과의 협업을 통해 그가 제공하는 옵션이 어떤 식으로 학생들의 학습을 지원하고 학생들로 하여금 수업 설계 과정에 더 주도성을 지닐 수 있게 하는지 알려 주었다. 한 번에 1명의 학생과 협업하는 것도 생각했으나, 그의 경험을 기반으로 삼아 모든 학생에게 옵션을 주기로 했다. 한 학생에게 도움이 되는 혁신적 설계는 모든 학생에게 도움이 될 수 있으니까 말이다.

Bryan이 함께 일했던 Walter라는 학생은 수학적 개념에 월등한 이해력을 지녔고, 이러한 개념들을 반 친구들에게 실로 열정적으로 설명할 수 있는 학생이었다. Bryan의 수업 때 그와 Walter는 부족한 지식을 보완하기 위한 발판이 되는 학습 옵션을 함께 설계했다. 또한 비슷한 도구와 전략을 제시하거나, 학생들이 이해한 것을 다른 방법으로 다시 가르치거나, 서로의 풀이를 지켜보는 방식으로 반 전체에 기여할 수 있는 방법을 생각했다. Walter는 학생들에게 관련된 수업으로 개선하기로 결정하고 Bryan의 수업 내용을 또래 학생들에게 다른 방식으로 가르쳐 주며 소비자(consumer)이자 생산자(producer)가 되었고, 이로 인해 반 전체 학생들에게도 큰 도움이 되었다. Walter야말로 활동적이고, 참여적인 전문 학습자였던 것이다.

어떻게 하면 전문적 학습을 지향하도록 학생들에게 개별적인 기회를 제공할 수 있을까? 우리는 언러닝 사이클을 발판 삼아 당신의 수업을 설계할 것을 추천한다. UDL 가이드라인을 통해 목표를 알고, 다양성을 예측하고, 방해물을 없애라. 그리하여 참여(engagement), 표상(representation), 그리고 행동 및 표현(action and expression)을 위한 옵션이 주어지는 '학습 뷔페'를 설계할 수 있다. 한 번에 한 단계씩 나아가 당신이 늘 사용해 왔던 기술을 변화시켜 학생들이 참여하고, 진정으로 학생들이 학습에 중심이 되도록 하라. 그리고 생각해 보라: 모든 학생에게 높은 기대치를 갖고 있는가? 학생들로 하여금 당신과 함께 목표와 옵션을 설계할 수 있는 기회를 주었는가? 어떻게 하면 학생들이 더 자율적으로 배울 수 있게 하겠는가?

자율성이 있는 수업이라고 해서 틀과 엄격함조차 없애야 한다는 말은 아니다. 어떤 학생들은 주어진 자율성을 십분 수용할 만큼 성장하지 못했을 수도 있다. 주어진 옵션의 뉘앙스를 이해하기 위해 천천히 학습능력을 발달시키고 발판(scaffolding)이 필요할 수도 있다. 학기 초 새로운 학습을 위해 수업 루틴과 기술을 습득할 시간이 필요할 수도 있다. 우리의 학생들이 전문 학습자가 될 때까지 피드백을 위한 옵션과 UDL이 제공할 수 있는 발판이 필요할 것이다.

또한 앞서 말한 다양한 옵션과 선택할 수 있는 자율성이 모든 학습의 상황에 없을 수도 있다; 모든 수업 혹은 프로젝트에 있어야만 하는 것도 아니다. 목표가 수업을 이끌어야 한다. 다양성을 예측하라. 참여에 집중하라. 학습에 대한 대화를 하는 것이 전문 학습자의 커뮤니티를 만드는 핵심이다.

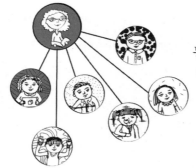

통합되지 않음(Not Inclusive)
일부 학생들은 일반학급에서 분리된다.

집단화(Groupings)
교사는 수준과 라벨을
기초로 과제를 부여한다.

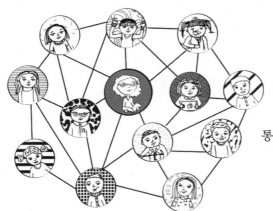

통합학급(Inclusive Classroom)
다양성이 모든 개인에게 평가된다.

언러닝 사이클을 지속하라

이쯤 되면 교육자들은 UDL과 목표를 세우는 것, 다양성을 예상하는 것과 UDL 가이드라인을 이용해 참여와 학습에 중심을 둔 수업을 설계하는 것에 익숙해질 것이다. 이러한 UDL 실행 단계에 다다랐을 때 학생들도 본인들의 학습 경험을 설계하는 것에 더 많이 기여하게 되고, 심지어 본인의 학습 방해물들을 없애는 데에 있어 UDL 언어를 쓸 수도 있다. 그들은 학습에 있어 더 전문가가 되고, 목표를 세우고 어떠한 옵션으로 도달하거나 도전이 되도록 조정할 수도 있다. 당신은 학생들이 이렇게 말하는 것을 듣게 된다:

- "이 정보가 다른 방식으로 전달이 되면 도움이 될 텐데."
- "어떻게 아는지 다른 방식으로 보여 드려도 될까요?"
- "이 부분에서 막혔지만 이런 방식으로 해결해 보려 했어요."

또한 이쯤 되면 교육자들도 UDL을 사용하는 데에 있어 자신감이 생기고, UDL이 교실에 끼치는 영향도 보았을 것이다. 모든 학생에게 높은 기대치를 세우고, 다양성을 예측하고, UDL을 통해 방해물을 없애는 방법도 충분히 이해할 것이다. 이러한 교육자들은 본인들의 커뮤니티에서 다른 동료들의 수업 시간에 대해 더 알고 싶어 하면서 UDL 리더나 코치들이 되기도 한다. 아마 이런 말을 듣게 될 것이다:

- "UDL은 마치 나에게 '우산'과도 같아. 내가 하는 모든 것과 나의 학교에서 중요하게 시도하는 다른 것들을 모두 아우르니까 말이야."
- "난 어디서든 UDL에 대해 생각해."

결론적으로, UDL 여정에서 UDL 교육자들은 가르침과 학습에 대해 새로운 방법을 탐구한다. 전문적 학습을 설계하고 어떻게 발판으로 삼아야 하는지 알고, UDL을 다른 중요한 개념들과 중점 영역을 지지하는 프레임워크로 사용하게 되는 것이다. 시간이 흐르고 계속해서 UDL 가이드라인을 참고한다면 학습자의 다양성을 더욱더 깊이 이해할 수 있으리라.

UDL 실행의 목표는 단순히 UDL을 '하는 것'보다는 UDL을 사용해 방해물을 줄이거나 없애고 모든 학생으로 하여금 전문적이고 능동적인 학습자가 되게끔 교육을 설계하는 것이다. 시간과 노력이 필요하지만, 학생들에게 미치는 영향은 충분히 그럴 만한 가치가 있다. 언러닝 사이클에 대한 학습을 통해 당신이 교실에서 더욱 준비되고 행동력 있는 교육자가 되길 바란다.

당신은 어떠한가?

성찰 질문:

• 모든 학생에게 높은 기대치를 세울 수 있게끔 당신을 도와주는 것은 무엇인가?

• 어떤 방식으로 언러닝 사이클을 사용해 학생들이 더 자율적으로 배울 수 있게 수업을 설계할 수 있는가?

당신의 생각을 낙서해 보라

제6장 실행하라

UNLEARNING

당신에게 영감을 주려고 학생 중 1명에 대해 성찰하도록 하였고, 왜 우리가 가르치는지와 우리의 학습 설계가 모든 학생을 지원해야 하는 이유를 상기해 보도록 했다. 이 책에서 우리는 UDL 실행이 중요한 이유와 설계가 어떻게 교실을 바꿀 수 있는지 이해하도록 언러닝 사이클에 대해 안내했다. 언러닝 사이클의 각 단계는 깊은 성찰과 자기반성이 필요한데 이와 관련하여 기회를 제공했기를 바란다. 이 장에서는 UDL을 실행하고 언러닝 사이클을 통해 일부 당신의 교수법을 변화시키기 위한 활동과 템플릿을 제공할 것이다. 우리는 당신이 이 과정에 협력자로서 학생들을 계속해서 염두에 두길 바란다!

다양성 이해하기

다양성이 표준(norm)인 반면, '평균(average)'은 유니콘처럼 전형적(typical)이라는 것을 이해하면 전통적인 교수학습 모델이 왜 학생들의 요구를 충족하지 못하는지 설명하는 데 도움이 된다.

학생들은 상황에 따라 변화할 수 있는 들쭉날쭉 학습 프로파일을 가진다. UDL을 실행하면서 학생들에게 다양성의 의미에 대해 명확히 하는 것이 중요하다. 그래서 학생들이 그들의 기술과 능력이 1가지 라벨로 축소될 수 없지만, 시간이 지나거나 그들이 활용할 수 있는 지원 또는 발판에 따라 변화할 수 있는 복잡하고 다면적인 것임을 알게 한다. 글의 중심 주제를 이해하지 못하는 읽기에 '취약한' 학생으로 칭할 수 있는 경우를 떠올려 보자. 일부 과제에서 글을 음성으로(text-to-speech) 표현하는 기회가 주어졌을 때, 이학생은 중심 주제를 이해하는 데 놀랍게도 능숙할 수 있다. 다양한 시간에 우리가 제공하는 다양한 도구, 자원, 옵션은 학생들의 들쭉날쭉 학습 프로파일을 바꿀 수 있다.

다음은 다양성의 개념을 학생들과 공유하는 데 도움이 되는 활동으로, 학생들은 자신의 들쭉날쭉 학습 프로파일을 받아들일 수 있고 자신의 학습 강점과 잠재력을 평가할 수 있다. 다양한 과제로 우리는 학생들에게 그들이 강점과 약점을 가지고 있고, 다양한 도구, 자원 또는 전략을 사용하는 것이 어떻게 강점을 키우고 약점은 보완하는 데 도움이 되는지 성찰하도록 격려하길 원한다. 우리는 다양한 맥락에서 학생들의 들쭉날쭉 학습 프로파일이 어떻게 변하는지에 대해 학생들과 함께 성찰할 수 있다. 이를 통해 학생들은 자신에 대해 깊이 있게 이해하고, 학습자로서 그들에게 필요한(또는 필요하지 않은) 것에 대해 옹호하도록 돕는다.

***

활동 #1: 모든 수업에 대해 필요로 하는 핵심 기술과 학습 방법을 확인하라. 다음 예시에서는 학습의 9가지 다른 차원을 나타내기 위해 UDL 가이드라인을 사용했지만, 여러분의 학급에서 중요한 다른 차원을 선택할 수 있다. 그리고 나서 학생들에게 그들의 강점과 어려움이 어디에 있는지 성찰하게 하라. 환경 내에서 옵션에 따라 학생들의 어려움을 해결할 수 있는 방법을 함께 브레인스토밍하라.

물리학 수업

학생 A

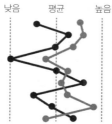

낮음　평균　높음

흥미
끈기
자기조절
지각
언어 & 상징
이해
신체활동
의사소통
실행 기능

학생 B

영어 수업

학생 A

낮음　평균　높음

흥미
끈기
자기조절
지각
언어 & 상징
이해
신체활동
의사소통
실행 기능

학생 B

가이드라인 자기화하기

다양성으로 계획하기가 어려울 것 같으면, UDL 가이드라인을 살펴보며 학습자 다양성의 9가지 차원에 대해 생각하라. 하지만 종종 UDL을 처음 접할 때 교육자들에게 가이드라인에 사용된 언어가 장벽이 된다. 결국, 가이드라인은 연구자들에 의해 작성되었고, 우리가 교실에서 학생, 학부모 및 동료들과 함께 사용할 언어를 반드시 반영하지는 않았다.

***

활동 #2: UDL 가이드라인을 당신의 학생들과 함께 사용할 수 있는 어휘와 언어를 사용해서 다시 작성하기 위해 〈표 6-1〉을 사용하라(예시는 Novak, 2016 참조). 학생들과 협력하여 UDL 가이드라인에 맞는 언어로 작성하라. 표에서는 CAST의 UDL 가이드라인(부록 B)의 언어가 당신의 아이디어를 자극하는 예시로 포함되어 있다. 예를 들어, '자기조절(self-regulation)' 용어를 사용하지 않는다면, 당신과 여러분의 학생들에게 더욱 친숙한 언어로 다시 작성하라. "나는 내가 그 일을 끝낼 수 있다고 믿는다."와 같이 당신 자신만의 용어로 대체하라. UDL의 놀라운 유익 중 1가지는 학습과 관련해 모든 교육자와 학생이 사용할 수 있는 공통 언어라는 것이다.

〈표 6-1〉

UDL 가이드라인:	자신만의 용어와 언어 UDL 가이드라인을 학생들과 함께 사용할 수 있거나 당신에게 의미가 있는 언어를 사용하여 다시 작성하라.
흥미를 돋우는 선택 **학습에 대한 흥미와 호기심을 불러일으키자.**	
지속적인 노력과 동기부여를 위한 선택 **집중하고 결단력을 가지고 도전하게 하자.**	
자기조절을 위한 선택 **학습에 정서와 동기의 힘을 활용하자.**	
인지를 위한 선택 **다양한 감각의 정보와 유연하게 상호작용하자.**	
언어와 상징을 위한 선택 **함께 이해할 수 있는 언어를 통해 의사소통하자.**	
이해를 돕는 선택 **의미를 구성하고 새로운 이해를 만들자.**	
신체적 표현을 위한 선택 **접근 가능한 자료 및 도구를 활용하자.**	
표현과 의사소통을 위한 선택 **학습 목표 달성에 도움이 되는 도구를 사용하여 아이디어를 작성하고 공유하게 하자.**	
실행 기능을 위한 선택 **학습을 최대화하기 위한 계획을 개발하고 실행하자.**	

목표 명료화하기

목표는 교육에서 새로운 것이 아니며, 우리는 항상 목표 또는 목적과 기준을 세운다. 하지만 UDL은 고유한 방식으로 목표를 다시 구성하고 분석하도록 요구한다. 학생들이 수업에서 정확히 알고, 할 수 있으며, 관심을 가져야 하는 것이 무엇일까? 왜 학생들은 학습에 투자해야 하며, 그들의 지역사회에 어떤 의미가 있는 것일까? 교육적인 목표, 기술, 실제, 습관은 표준적인 지원인 것일까?

우리는 목표를 기술, 내용, 행동 또는 사회-정서 학습처럼 다양한 구성요소로 '풀기(de-tangle)' 위해 실제로 목표를 분석하는 것의 중요성을 논의했다. 목표의 이러한 구성요소를 구분하고 어떻게 각각의 목표를 지원하고 발판을 제공할 것인지 초점을 맞출 때, 우리는 학생들에게 각 부분의 성공이 어떤 모습이고 어떻게 목표를 성취할 수 있는지 명확하게 해 준다. 학생들은 목표가 무엇이고 성취하기 위해 무엇을 할 필요가 있는지 알기 때문에 각 기술에서 더 높은 수준의 역량을 기른다.

***

활동 #3: 목표를 '풀기' 위한 4가지 주요 단계가 〈표 6-2〉에 정리
되어 있다.

① 수업 목표의 모든 하위 구성요소를 분리하라.
② 수업에서 학생들이 배워야 할 중요한 지식, 기술 또는 내용을
　 결정하라.

〈표 6-2〉

목표 '풀기'	5학년 지리 교사 사례
현재 목표를 기록하라	원래 목표: 학생들은 탐험가의 주요 업적을 강조하는 시리얼 상자를 그룹으로 함께 만들 것이다. 그런 다음, 학생들은 반 전체에 발표할 것이다.
목표 풀기: 모든 하위 구성요소를 확인하고 분리하라	이를 달성하기 위해, 학생들은 다음을 수행할 것이다: • 탐험가의 주요 업적을 찾기 위해 연구하기 • 연구를 계획하고 의미를 부여하기 • 학습을 보여 주는 '창의적이고 깔끔한' 시리얼 상자 만들기 • 그룹(팀)으로 일하기 • 반 전체에 발표하기
수업의 해당 부분에 대한 주요 목표를 분명히 하라	새로운 목표: 학생들은 탐험가의 주요 업적을 연구할 것이다. 교사 팀은 시리얼 박스가 실제로 이 수업에서 중점을 두는 기술이 아니라고 결정했다. 그들은 또한 그룹(팀) 작업과 발표가 이 수업의 부분으로 필수적인 것이 아니라고 인식했다.
목표의 중요한 부분을 지원하는 도구 및 자원이 있는지 확인하라	학생들은 인터넷과 교재를 사용할 수 있었다. 교사 팀은 현재 이것들이 수업에서 연구를 지원하기 위해 사용할 수 있는 유일한 재료와 자원이라고 인식했다. 그들은 학생들이 연구 기술을 연마하는 데 효과적인 추가 도구를 어떻게 고안할 수 있을지 브레인스토밍했다.

루브릭 또는 점검표를 정비하라	연구 외에도 루브릭에는 그룹(팀) 작업, 발표, 그리고 시리얼 상자의 깔끔함과 창의성이 포함되었다. 교사 팀은 대신에 연구 기술에 대한 수업의 이 부분을 위한 루브릭에 집중하기로 했고, 이는 학생들이 연구를 공유하기 위해 여러 가지 표현 수단을 사용할 수 있음을 의미한다. 그리고 그들은 시리얼 상자를 만드는 것에만 국한하지 않았다.

③ 학생들이 목표를 향해 노력할 때 선택할 수 있는 발판, 도구 및 자원으로 어떠한 것들이 있는지 성찰하라. 목표의 일부 구성요소가 수업의 이 부분에 중요하지 않다고 인정한 경우라면, 해당 구성요소를 제거하거나 유연한 옵션 중 하나로 만들라. 이 시점에서 가장 중요한 요소를 제대로 파악하도록 목표를 재설계할 수도 있다.

④ 목표가 분명해지면, 모든 재료, 자원, 루브릭과 평가가 목표와 어떻게 일치하는지 확인할 수 있다.

수업을 위한 목표를 파악한 후에 다음 질문을 스스로 해 보면 도움이 될 수 있다.

- 목표가 명확하고 모든 학생이 이해할 수 있는가? 다시 말해, 학생들은 그들이 알아야 할 것, 해야 할 것, 그리고 신경 써야 할 것이 무엇인지 알고 있는가?
- 목표에 수단 또는 과제를 어떻게 수행해야 하는지 방법이 포함되었는가? 예를 들어, 학생들은 쓰고, 읽고, 소리 내어 말하거나, 노래하고, 팔굽혀펴기로 참여하는가?

- 재료, 도구 및 자원은 목표와 일치하는지와 목표를 향해 진보 할 수 있도록 학생들을 지원하는가?
- 학생들이 목표를 향해 노력하도록 돕는 학습 선택을 어떻게 하게 할 수 있는가?

기준 존중하기

만약 당신이 수업에서 기준을 사용하면, 이 섹션은 기준을 실제로 더욱 깊이 있게 세분화하는 데 도움이 될 수 있다. 만약 그렇지 않다면, 자유롭게 다른 섹션으로 이동하라. UDL은 기준 중심 교육과정(standard-based curriculum) 설계와 연계할 수 있기 때문에, 모든 교육 경험과 재료 및 평가는 이러한 기준을 향하여 학생들이 진보하고 이를 측정하는 데 도움이 되도록 설계할 수 있다.

***

활동 #4: 이 활동에서 교육자와 관리자들은 일련의 기준 또는 기대치를 검토하고, 학습자가 성공하기 위해 필요한 최종 내용 및 기술을 확인하며, 향후 평가 설계를 추진하는 데 의미 있도록 이 정보를 동료 또는 학생들과 공유할 것이다. 이 과정은 '백워드 설계' (Wiggins & McTighe, 2005)와 일치한다. 개별 또는 팀으로 시간을 가지고 모든 기준을 읽고/검토하라. 도움이 된다면 형광펜을 가지고,

학생들이 수업에서 성공할 수 있도록 지녀야 할 모든 다양한 지식
과 기술에 주목하여 확인하라.

기준을 분석하기 위한 발판:

① 분석할 기준을 선택하라. 옵션: 가르칠 한 단원을 선택하고(다음에 나올 단
   원을 고려) 해당 기준을 검토하라. 기준의 수는 과목에 따라 달라질 것이다.
   만약 숫자를 찾고 있다면, 더 많은 기준을 검토할 수 있지만, 최소한 5개의
   기준을 검토하라.

② 청중을 결정하라. 청중은 이 프로젝트의 형식, 세부사항 수준과 전이 가능
   성에 영향을 미칠 것이다. 옵션: 학생/학습자, 동료, 부서장 또는 본인

③ 기준의 어느 측면을 학생들에게 '알게' 하고, '하게' 할 것인지 결정하라.
   옵션:

- 2개 이상의 칼럼이 있는 표를 만들어서(다음 〈표 6-3〉 '기준을 분석하기 위
  한 템플릿'이나 다른 모델 또는 예술적 표상을 사용하라), 기준에서 지식의
  개요를 구분하라.

- 기준이 주로 지식에 대한 기준이라면, 학생들이 지식 중심의 기준을 학습
  할 때 사용할 수 있는 가능한 방법, 재료 및 평가 목록을 마련하여 지식의
  적용[즉, 학생이 해당 지식을 적용하거나 실행할 수 있는 몇 가지 방법]을
  안내하라.

- 기준이 주로 기술 중심이라면, 선수 기술을 고려하여 해당 기술에 내재된 배
  경지식이 무엇인지 파악하라. 학생들이 해당 기술에 집중할 때 지원하는 데
  사용할 수 있는 다양한 발판 또는 지원을 결정하라.

기준 분석을 위한 대안적인(alternative) 옵션:

숙련 학습(proficiency-based learning)의 원칙 중 1가지는 숙련도에 명시적이
고, 측정 가능하며, 전이 가능한 학습 목표를 포함하여 학생을 격려한다. 당신

의 과목에서 이미 만든 루브릭을 살펴보라.

〈표 6-3〉에 제시된 대로 특정 학습 목표가 기준에 적합한지 고려하라. 관련성을 분석하라. 루브릭에 나타난 기준의 해석에 동의하는가? 당신의 답변을 정당화하라. 또 다른 옵션으로, 학생들에게 기준과 루브릭 사이의 관련성이 있는지 묻고 답변을 성찰하라. 학생들이 수정을 제안한다면, 이에 동의하는가? 어떻게 이것들이 학생들의 삶과 연계되고 의미가 있을까?

〈표 6-3〉 기준을 분석하기 위한 템플릿

당신이 성찰하려는 수업 제목 또는 이름:

청중(학습자가 누구인가?):

이 수업에서 다루는 기준:	지식(내용)에 대한 기준인가 또는 기술 중심인가?	학습자가 기준을 학습하기 전에 필요한 선수 내용 또는 기술	주어진 수업 기간 또는 활동에 대해 학습 목표가 기준에 얼마나 부합하는가?

루브릭과 평가는 학습 목표에 얼마나 부합하는가?

학생들이 해당 기준을 향해 얼마나 진보하는지에 대한 형성적인 피드백은 어떻게 얻을 것인가?

학생들은 기준, 목표 루브릭과 그들의 삶 사이의 연관성을 어떻게 보는가?

늘 사용해 왔던 기술을 변화시키라

면밀하게 목표를 분석하였다면, 늘 사용해 왔던 기술을 변화시킬 준비가 된 것이다. 하지만 목표 설정 부분을 건너뛰지 말라. 그것은 UDL 실행과 언러닝 사이클에 필수적이다.

그간 늘 사용해 온 많은 기술이 있다. 루틴, 습관 및 늘 사용해 온 테크닉을 갖는 것은 효율적인 전략이다. 하지만 일부는 제대로 작동하지 않는다. 여기에서 우리는 늘 사용해 왔던 기술로 추정되는 2가지, 즉 차별화 교수(differentiated instruction)와 수업 계획(lesson planning)에 대해 논의할 것이다. 이 섹션은 당신이 UDL로 설계할 수 있도록 관련된 일부 관행을 언런하는 방법을 명확히 하도록 도울 것이다.

***

만찬회 비유를 기억하는가? 때때로 뷔페를 차릴 때, 누군가에게 뷔페를 안내하게 되고, 그들에게 무엇을 먹어야 하는지 상기시키거나 새로운 것을 시도하도록 격려하기도 한다. UDL을 사용해 '학습 뷔페'를 차린다면, 차별화(differentiate) 또는 개인화(personalize) 교수를 하기가 더욱 쉽다. 차별화 교수(DI)는 서로 다른 학생의 선호, 준비도, 학습 프로파일에 반응한다(Tomlinson, 2014). 뷔페 비유에서, DI는 주어진 날에 개별 학생을 위한 '고유 접시'를 마련하도록 돕는다. UDL은 다른 상황이나 맥락에서 학생의 선호는 변화할 것이며; 고정되어 있지 않다는 것을 인식한다. UDL과 DI 프레임워크가 유사하지만, 접근 방식은 근본적으로 서로 다르다.

***

활동 #5: 다음은 UDL 프레임워크와 이와 대조하여 DI를 풀어내는 2가지 표현이다. 많은 교육자는 프레임워크가 동일하다고 믿지만, 우리는 이러한 표상 중 1가지를 통해서라도 서로 어떻게 다른지 당신이 알 수 있기를 바란다. CAST는 2013년에 UDL과 DI의 교차점에 대한 실행 개요를 발표했다. 이 개요에서 차이점을 다음과 같이 설명했다.

DI는 개별 학생의 요구와 학습 스타일을 반영하기 위해 내용과 과정을 수정하는 교사의 역할이 핵심이라고 강조한다. 이 반응적인 학습과정은 모든 활동과 과제에 적용할 수 있고, 각 학생에게 자료가 관련성이 있고 실제적이도록 내용을 수정할 수 있다. 과제와 학생들이 배운 것을 보여 주는 방식에서 유연성이 있다. DI는 활동 구성에서 각 학생의 학습 스타일과 프로파일을 평가한다.

UDL은 처음부터 가장 광범위하게 학생들을 위한 교육과정 자료(목표, 평가, 자료, 방법)의 설계에 대한 생각을 포괄하는 프레임워크를 제공한다. '학생을 수정'하는 것에서 '교육과정을 수정'하는 사고로의 개념적 전환이다. UDL 가이드라인은 학습 과학 분야에서의 연

구를 기초로 어떤 맥락에서든 학생이 (자원이 풍부한, 전략적인, 목적
이 뚜렷한) '전문 학습자'가 되도록 지원할 수 있는 유연성이 있는 옵션
들로 교육과정을 효과적으로 설계할 수 있는 방법에 대해 제안한다.
옵션들은 모든 학생에게 적용되며, 학생들은 동일한 높은 수준의 목표
를 달성하기 위해 노력한다.

좀 더 통찰력을 얻고 DI와 UDL이 실제 어떻게 다른지 이해하기
위해 〈표 6-4〉를 살펴보자.

〈표 6-4〉 UDL과 DI의 차이점, UDL Now를 참조(Novak, 2016)

차별화 교수(DI)	보편적 학습설계(UDL)
반응적	예방적
학생을 평가	학급 환경과 문화를 평가
대본이 효과적이지 않을 때 대본 수정	의도적으로 참여, 표상, 행동 및 표현에 대하여 대본 수업에서 이러한 장벽을 줄이기 위해 옵션을 설계
수정과 조절을 제공하여 교수를 개선	목표 기반 선택을 반영하여 학생들이 도달하기 전에 교수를 설계
파악된 능력 또는 라벨을 기초로 다양한 그룹의 학생들을 위해 설계됨	파악된 능력에 대한 맥락이 중요함을 인식하고 다양성을 위해 설계됨. '평균' 학습자는 존재하지 않는다.
가장자리에 있는 학생들을 위한 다양한 학습 경험을 계획	포용적인 환경에서 모든 학생을 위하여 계획
장벽 주위에서 작동	장벽을 감소
여기에 아이디어를 추가하라:	여기에 아이디어를 추가하라:

***

활동 #6: Katie는 실제에 견고하게 자리 잡은 수업 설계의 오래된 습관 중 일부를 성찰하고 깨는 데 도움이 되는 UDL 수업 복습 템플릿(〈표 6-5〉)을 설계했다. UDL 수업 계획은 완전한 학습 경험을 만드는 4가지 교육과정 구성요소, 즉 목표, 평가, 방법 및 자료를 고려한다.

교육자들은 그들의 수업 디자인을 형식화하는 방법에 대해 많은 옵션과 선택권을 가진다. 다음은 단지 1가지 예시이다. 당신이 사용하는 형식에 관계없이, 모든 UDL 수업 계획은 장벽을 줄이기 위해 사전 예방적 설계를 고려한다. 평가에서 여러분이 매일 어떻게 형성적인 피드백을 제공하고 있는지 뿐만 아니라, 어떻게 학생들을 최종 성과나 시험으로 좀 더 종합적으로 평가하는지도 생각해 보라. 잘 작동하는 부분은 유지하고, 당신에게 또는 당신의 학생들에게 장벽이 되는 부분에 집중하라.

수업을 실제로 분석하는 시간을 가져 보라. 이 여행을 혼자 할 필요가 없다는 것을 기억하라! 당신은 혼자 또는 소규모의 팀과 함께 UDL 가이드라인을 사용하여 교과 요소를 분석하며 수업 계획을 세울 수 있다.

〈표 6-5〉 UDL 수업 복습 템플릿

	UDL 정의	성찰을 위한 질문
목표	UDL 수업은 주의 기준 또는 지역구의 능력에 기초하여 명확한 학습 목표로부터 시작한다. 목표는 행동과 표현의 다양한 수단을 촉진하는 동사를 포함한다.	• 당신 수업의 목표는 무엇인가? • 주의 기준 또는 지역구의 능력과 명시적으로 연결되는가? • 목표가 참여, 표상, 행동 및 표현의 다양한 수단을 허용하는가?
다양성 예측	참여, 표상, 행동 및 표현에서 나타날 수 있는 다양성을 예측하는 데 UDL 가이드라인 또는 들쭉날쭉 학습 프로파일을 사용하라.	• 학생들은 대체로 어디에 갇히게 되거나 좌절하는가? • 어디서부터 다시 가르칠 필요가 있는가?
방법	학생들이 내용을 배우고, 배경 정보를 습득하거나, 학습 중에 지식과 기술을 탐구할 수 있는 다양한 방법이 있다. UDL로 학생들은 어떤 방법을 사용할 것인지 선택한다.	• 유연한 방법이 의도했던 목표와 조화를 이루는가? • 학생들은 자료의 활용, 지식의 습득, 자원에 접근할 수 있는 방법에 대해 선택권이 있는가?
자료	자료는 학습 내용을 나타내는 데 사용되는 자원이고 학습자가 지식을 드러내는 데 사용하는 것이다.	• 제공된 유연한 자료는 의도한 목표를 지원하는가? • 학생들은 자료를 학습하거나 평가를 완료하는 데 사용할 수 있는 자료들에 대해 선택권이 있는가?
평가	평가는 학습자의 수행에 대한 정보를 수집한다. 우리는 흔히 이를 '시험'이라 생각하지만, 평가는 교사가 학생들이 목표를 달성할 수 있는지 결정할 수 있도록 해 주는 지식의 모든 표현이 될 수 있다.	• 학생들은 그들의 배움을 어떻게 표현할 것인지에 관하여 선택권이 있는가? • 수업 전반에 걸쳐 진단, 형성적, 종합적 평가의 기회가 있는가? • 피드백과 평가의 언어는 명확하고 객관적인가? • 평가의 기준은 의도했던 목표와 조화를 이루는가?

참여를 우선시하라

참여는 학습에 중요하다. 시간을 내어 UDL의 참여 가이드라인에 따라 하위 체크포인트를 검토하여 학생의 참여를 지원하기 위한 옵션을 설계할 수 있는 방법을 살펴보라. 특정 수업이 왜 학생들에게 중요하고, 관련이 있으며, 배움에 의미가 있는지 여러분 스스로에게 물어보라. 학생들에게 연결하도록 하고, 지역사회로부터 얻은 아이디어를 수업에 통합하도록 요청하라.

***

활동 #7: 각자 서로의 교실을 방문하고 이 'UDL 참여 관찰 프로토콜'을 사용하여 어떻게 디자인이 학생의 참여를 지원하는지 성찰해 보자.

UDL 참여 관찰 프로토콜

사전 질문:

• 당신이 관찰하고 있는 수업이나 학습 경험의 목표는 무엇인가?

• 이 수업에 예상되는 장애물과 도전은 무엇인가? 과거에 이 수업에서 학생의 참여에 대한 장애물이 어디에 있었는가?

당신은 관찰 또는 성찰을 하기 위해 UDL 참여 관찰 체크포인트를 모두 다 사용할 필요는 없다. 당신이 주목하는 것과 가장 관련된 1~2가지를 선택하라. 이 프로토

콜로 수업을 관찰하는 것과 더불어 교사와 학생들과 이야기를 나누라.

관찰 노트 또는 질문:

- 목표는 어떻게 학생들에게 명확하고, 관련되고, 실제적이며, 중요하게 설정하였는가? (7.2와 8.1)
- 학생들은 어떻게 수업에서 학습 선택을 하도록 자율성을 지니는가? (7.1)
- 수업에서 위협이나 주의를 산만하게 하는 것은 무엇인가? 그러한 위협이나 방해 요소를 줄이기 위해 모든 학생이 사용할 수 있는 환경에는 어떤 옵션이 있는가? (7.3)
- 학생들이 목표를 향해 임하도록 선택할 수 있는 다양한 자원은 어떻게 이용하는가? (8.2)
- 어떤 방식으로 협업을 위한 옵션이 있는가? 학급 일과와 수업의 설계 내에 공동체는 어떻게 조성되는가? (8.3)
- 교사가 학생에게, 학생이 학생에게, 또는 학생 스스로 피드백은 어떻게 주어지는가? 피드백은 어떻게 학습 과정에 초점을 맞추는가? 빈번하고 형성적인 피드백인가? (8.4)
- 어떤 방식으로 학습 과정에서 모든 학생을 위한 높은 기대치에 대해 소통하는가? (9.1)
- 학생들이 수업에서 어렵거나 좌절감을 느낄 때 사용할 수 있는 옵션은 무엇인가? (9.2)
- 어떤 방식으로 학생들이 수업에서 자신의 학습 과정과 선택에 대해 성찰할 수 있도록 권장하는가? (9.3)

전문적 학습으로 이동하라

학생 나이에 상관없이, 그들은 모두 전문 학습자가 될 수 있다. UDL은 전문적 학습을 구축하기 위한 프레임워크를 제공한다. 학생들은 학습을 위해 인지하고, 관심을 모으고, 신체적으로 행동할 수 있어야 하므로, 접근성으로 시작할 필요가 있을 것이다. 그러나 궁극적으로 우리는 학생들이 스스로 조절하고, 강력한 수준의 이해력을 기르며, 자신의 학습 목표를 설정하고, 진보를 자기점검할 수 있기를 원한다. 우리의 개별 학문 내에서 전문적 학습은 다르게 보인다. 관찰하고 가설을 조작하는 유치원생이든 전문 과학자든 간에, 우리는 그러한 핵심 학문적 기술과 습관 및 실제(많은 것이 기준에서 강조되었다)를 취하기 시작하여 우리의 수업에 명시적으로 반영할 수 있다.

***

활동 #8: UDL 전문 학습자 성찰. 전문적 학습의 측면에서 당신의 분야 또는 내용 영역에 대해 성찰하기 위하여 CAST의 전문 학습자 정의에 기초한 〈표 6-6〉을 활용하라.

전문적 학습 요소를 항상 모두 제시할 필요는 없지만, 전문적 학습을 구축하고 성장하는 것으로 접근하라.

또한 UDL에 대한 이해와 다른 전문적인 학습을 추구하며 당신이 전문 학습자로서 어떻게 발전해 가는지에 대해 성찰해 볼 수 있다. 또 다른 옵션은 부록 C UDL 진행 루브릭(Novak & Rodriguez, 2018)으로 모든 학생과 교육자가 전문적 학습을 향해 발전하고 있는지 확인하며 전체 여정을 살펴보는 것이다.

〈표 6-6〉 전문적 학습 살펴보기

쓰기, 수학, 요리, 달리기, 음악 등과 같이 당신 집중하고 있는 분야, 영역, 주제 또는 기술을 확인하라. 한 번에 집중할 1~2가지 체크포인트를 선택하라.

UDL 참여 원리: 목적과 동기가 뚜렷한 전문 학습자
학생은 어떻게:
- 목표와 학습 요구에 적합한 선택을 하는가?
- 분야 내에서 실제적이고 관련성이 있는 문제와 이슈에 참여하는가?
- 학업에 방해가 되는 요소가 무엇인지 인식하고 이를 최소화하기 위해 노력하는가?
- 언제, 그리고 어떻게 협력하는지 아는가?
- 과제의 요구에 적합한 관련 자료를 활용하는가?
- 어려움을 견디도록 돕기 위해 무엇을 해야 하는지 이해하는가?
- 자신의 진보에 대한 피드백을 받고 통합하는가?
- 자신의 진보에 대해 자기성찰을 하고 필요한 경우 조정을 하는가?
- 도전적인 문제에 집중하고 자신의 목표를 달성할 수 있다고 믿는가?

UDL 표상 원리: 자원과 지식이 풍부한 전문 학습자
학생은 어떻게:
- 관련 내용 및 정보에 접근하는 방법을 아는가?
- 배경지식이 부족한 때를 알고 어떻게 습득할지 아는가?
- 영역의 관련 언어와 상징을 학습하고 통합하는가?
- 새로운 맥락에서의 이해를 심화시키는 방식으로 관련 배경지식을 구성하는가?
- 추가 배경지식을 얻기 위해 자신의 배경지식을 활용하는가?

UDL 행동 및 표현 원리: 전략적이고 목표 지향적인 전문 학습자
학생은 어떻게:
- 자신의 질문 또는 이해를 가장 잘 보여 줄 방법을 선택하는가?
- 자신의 기술을 개발하는 데 추가 도구나 테크놀로지를 사용해야 할 때를 아는가?
- 자신의 배움을 타인에게 표현하고 의사소통하는가?
- 자신의 강점과 약점을 알고 자신의 약점을 보완하기 위한 자원을 발견하는가?
- 자신의 진보를 점검하고, 최종 목표에 도달하기 위해 진보를 평가하여 필요할 때에 방향을 재설정하는 방법을 이해하는가?
- 분야(예: 쓰기, 연구, 그림)에서 최선의 실제를 보여 주는가?

***

활동 #9: 이 성찰에서 당신은 〈표 6-7〉으로 학생들이 자율성을 함양하도록 돕는 환경을 설계하는 방법에 초점을 둘 수 있다. 그리하여 학생들은 자신의 학습에 대하여 주인의식을 느끼고 위험을 감수하면서 편안하게 느낀다. UDL이 목표, 평가, 자료, 방법 및 물리적 환경을 포함하는 설계에 어떻게 초점을 맞추는지 주목하라. 교사와 학생이 기여하는 구성 요소 또한 있지만, 이 활동은 환경의 설계에 주안점을 둔다.

〈표 6-7〉

자율성 성찰지. 자신에게 질문하라
• 수업 설계의 유연성은 학습자가 선택으로 따르는 위험을 감수할 만큼 충분히 안전하다고 느끼도록 어떻게 지원하는가?
• 설계는 학습자가 수업에 긍정적으로 연결됨을 느끼도록 어떻게 지원하는가?
• 설계는 학습자가 서로 알아 가도록 어떻게 돕는가?
• 학생들은 자신의 개별 강점을 어떻게 평가하는가?
• 설계는 학습자가 서로 협력하도록 어떻게 돕는가?
• 설계는 학습자가 선택하고, 실행하고, 검토하기 위한 기회를 어떻게 제공하는가?
• 설계는 학습을 위한 유연한 시간 옵션을 제공하는가?

자신의 것으로 만들라

이 시점에서 우리는 언러닝 사이클의 각 단계 내에서 실천하기 위한 전략들을 공유했다. 다음은 UDL 및 UDL을 실행하는 것에 대하여 심층적인 이해를 얻기 위한 권장 사항이다.

- 혼자 하려고 하지 말라. 팀 협업 및 정기적인 시간을 설정하고 만나서 UDL 목표와 장애물, 다양성, 맥락을 논의하라. 다른 교육자들과 당신의 작업 및 전략을 공유하라. 서로의 교실을 방문하라. 부서 또는 전문적 학습 공동체(PLC) 회의 중에 당신이 만들고 있는 다양한 수업의 설계에 대해 브레인스토밍하라. 팀이 교수·학습을 비교하고 논의하는 데 공통의 초점을 가지고 여러 교실을 방문하는 교수적 라운드(instructional rounds)와 같은 모델을 사용하라(Marzano, 2011).
- 작은 것을 시작하라. 아마도 당신은 환경에서 단지 1가지만을 변화시키거나 목표에 집중할 수 있다. 우리가 교수·학습에 이러한 새로운 접근을 시도하더라도, 우리는 여전히 과거의 패턴과 습관에 빠져 있을 것을 인식하라. 예를 들어, 우리는 여전히 구어적인 내용에 대하여 대안이 없이 모두에게 강의하고 있는 자신을 발견하게 될 것이다. 목표가 내용을 이해하는 것임에도 불구하고, 우리는 여전히 모든 학생에게 에세이를 쓰도록 요구할 것이다.
- 시간을 내어 목표를 풀어 당신이 수업 또는 단원의 여러 지점에서 집중하고 있는 것이 무엇인지 진정으로 파악하라. 이것은 수업 설계를 위한 가장 중요한 단계 중 1가지이다.
- UDL 가이드라인을 계속 참조하라. 처음에는 압도당할 수 있지만, 학습, 다양성 및 장애물에 대하여 깊이 이해하도록 하는

로드맵이다.

시간이 지남에 따라 당신의 교실과 학교에서 미묘한 변화가 발생하기 시작할 것이다. 모든 학생을 위하여 참여적이고 전문적인 학습을 서비스하는 데 보다 목표 지향적이고 의도적인 계획과 의사소통으로의 전환을 보게 될 것이다.

결론: 혁신의 확산

도입부의 이야기를 기억하는가? 100명의 선원이 바다로 나간다. 50명은 괴혈병으로 사망하고, 매일 3티스푼의 레몬주스를 선원에게 제공한다는 아이디어를 영국 해군이 승인하는 데에 200년이 걸린다. 여러분 학교의 자료 중 일부를 생각해 보라. 누가 학교를 위해 일하지 않는가?

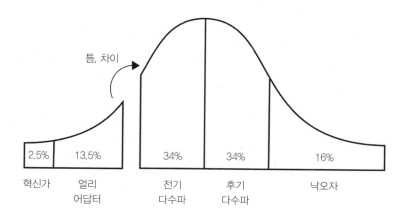

틈. 차이

| 2.5% | 13.5% | 34% | 34% | 16% |

혁신가 / 얼리 어답터 / 전기 다수파 / 후기 다수파 / 낙오자

우리가 모든 학생의 필요를 충족시키기 위해 200년이라는 시간은 필요가 없다. 지금 해야만 한다. 당신이 교육에 관심이 있다면, 대부분의 혁신이 영원히 잊히고 있는 반면, 일부 혁신은 이 타임라인을 넘어서 빠르게 변화를 가져올 수 있는 이유에 집착하게 될 것이다. 앞의 그림은 혁신의 확산 모델에서 채택자(adopter) 범주를 보여 준다. 얼리 어답터와 전기 다수파 사이에 큰 격차(gap)가 있음을 알게 될 것이다. '캐즘(chasm)'이라고 말하는 이 틈(차이)은 다수의 아이디어가 소멸하는 곳이다.

Malcolm Gladwell은 『The Tipping Point』와 기타 도서들의 베스트셀러 저자로 틈(차이)이 혁신을 위한 티핑 포인트라고 설명한다. 그는 혁신 도입과 채택 사이에 이러한 간극이 존재하는 이유를 설명하기 위해 소수의 법칙(Gladwell, 2000)을 지목한다. 소수의 법칙은 혁신의 성공이 혁신가와 얼리 어답터인지 사람들의 유형에 달려 있는지 그 이유를 설명한다. UDL에서 우리는 티핑 포인트를 넘지 않았으므로, 교육자이자 열정적인 실무자로서 소수의 법칙이 가진 재능을 소유한 사람들을 찾는 것이 대단히 중요하다. 지금 우리의 팀을 변화시키거나, 그렇지 않으면 200년을 더 기다려야 할 것이다. 선장 Lancaster가 실수를 했다. 그에게는 적합한 사람들이 없었다. 우리는 똑같은 실수를 할 수 없다. 그러나 선장이 가지고 있었던 것은 레몬주스였고, 우리에게는 UDL이 있다. 기존의 장애물을 극복하고 모든 학생이 참여하고 다양성에도 불구하고 전문 학습자가 될 수 있도록 기회를 가지려면, 우리는 소수자 중 1명이 되어야 한다. 우리 개개인 모두.

우리가 학생들을 IQ로 서열화하던 시대로부터 멀리 왔다고 생각하기 쉽지만, 사실 그렇지 않다. 많은 교실에서 우리는 아직도 학생들을 라벨로 자리배치하고, 이것은 그들이 받는 교육의 질에 영향을 준다. 우리는 능력 집단화가 그 반대의 증거에도 불구하고 여전히 '사용할 만하다'고 믿는다. 학생들은 아직도 누가 '최고' 그룹이고 언제 그들이 '아래'로 내려갈지 안다. 학생들은 아주 어릴 때부터 자신의 능력이 무엇인지 인지할 수 있으므로, 우리는 더 나은 설계를 해야 한다.

우리 학생들은 그들이 마땅히 받아야 할 것을 얻기 위해 라벨이 필요하지 않다. 대신에 학생들은 자신을 옹호하고, 그들의 목소리를 들으며, 필요한 만큼 도전적인 일을 할 수 있어야 하며, 교사들은 협력하고 그러한 일들을 촉진하는 자여야 한다. 많은 사람은 UDL이 재능 있는 학생들에게 좋은지, 특수교육 대상 학생에게 좋은지를 묻는다. 명확히 해 보자. UDL은 최선의 실제이며, 학생들의 성취에 대하여 높은 기대치를 가질 때 모든 학생의 요구를 충족할 수 있다. 이를 위해 우리는 스스로 자신에 대하여 더 높은 기대치를 가지고, 학생들이 함께 있을 때 모든 학생의 요구를 충족할 수 있다고 믿어야 한다.

우리에게, 그것은 개인적

우리에게 UDL은 개인적인 것이 되었다. 교육자로서 우리는 모든 아이의 잠재적 힘을 믿고 종종 "음, 당신은 모든 사람을 좋아해."
라는 비난을 마주하며 우리가 사랑하는 것에 대해 무언가를 찾고
자 도전한다. 분명히 우리에게는 교육이 운명이었다.

　Katie는 놀라운 자녀 넷을 둔 자랑스러운 어머니이다. 그녀는
세 아들과 Aylin이라는 놀랍고 폭죽 같은 딸이 있다. Aylin은 카리
스마, 충동, 유쾌함, 분노와 동정심이 넘친다. 6세 때 귀여운 소녀
Aylin이 ADHD와 불안이 함께 나타나는 유형으로 진단을 받았지
만, 그것은 놀라운 일이 아니었다. 그녀가 18개월이 되었을 때부터
Katie는 아들들에게 하는 것과는 훨씬 다른 부모가 되어 적응해야
한다는 것을 알았다.

　"UDL은 저와 남편이 Aylin이 잘 자랄 수 있는 가정과 가족을 만
드는 데 도움이 되었어요. 비록 그녀가 전투적이고, 고집이 세며,
화를 낼 수 있지만, 그녀가 자기주도적이 되고 그릿(grit)을 발휘할
수 있을 때, 그녀는 멈출 수 없어요. 우리 집에서 ADHD는 그녀의
초능력(superpower)이에요. 하지만 학교는 어땠을까요?"

　"그녀의 학교, 제 동료들로 구성된 학군에서는 UDL을 받아들여
요. Aylin은 학교 일과 내내 신체활동에 대한 기회를 얻고, 스스로 선
택을 하고, 동료들과 협력하며, 그녀의 여정을 맞춤화(customize)해
요. 그러나 UDL은 단지 Aylin에 대해서만은 아니에요."

　"그녀의 쌍둥이 남매 Brecan은 같은 반이죠. Brec은 모든 교실
에서 성공적일 거예요. 그는 어떤 상황에서도 순응하고 존경할 수
있는 '전설적인 평균 학습자'로 포스터에 나오는 전형이죠. 그는 마
음이 지겨울지라도 그의 눈은 도넛처럼 반짝이며 당신이 부탁하는

것은 무엇이든 할 거예요. 다행히, Brecan은 학교에서 매 순간을 즐겨요. 만약 당신이 그에게 가장 좋아하는 수업이 무엇인지 물으면, WIN 블록이라고 말할 거예요. 그것은 학생들이 진보를 스스로 평가할 수 있도록 한 '내게 필요한' 블록인데, 향상을 위한 자신의 목표를 결정하고, 교사의 촉진 및 지원과 함께 그들에게 가장 의미 있는 기술과 전략에 참여해요."

"Aylin의 가장 친한 친구는 James예요. James는 달리기를 좋아하고 챔피언 꼬리표가 붙죠. 그가 최근에 발견한 최애 음식은 레몬 맛 오레오죠. Aylin과 James는 예술을 사랑하고, 레고 놀이를 즐기고, 밖에서 끊임없이 원을 그리며 달려요. James는 취약 X 증후군이 있어요. 국가 취약 X 협회에서는 이 증후군을 지적장애, 행동 및 학습의 어려움과 다양한 신체적 특성을 유발하는 유전적 상태로 정의해요. 저는 이 아이들은 그들이 가지고 있는 장애 그 이상이라는 것을 먼저 말씀드리고 싶어요. 만약 이 아이들이 배울 준비가 되어 학교에 도착한 Brecan처럼 성공을 경험할 기회가 없다면, 우리의 학교와 시스템은 효과적이지 않죠."

Aylin, Brecan, James 이 세 아이와 20명의 반 친구는 서로 많이 다르지만, 그들은 UDL 덕분에 모두 성공할 수 있다.

"교사이자 엄마로서, 저는 우리 아이들이 함께 교육을 받을 수 없는 세상을 믿지 않아요."라고 Katie는 말한다. "저에게 그것은 개인적인 싸움이 되었어요. 제가 말했듯, UDL은 개인적인 것이 되었어요."

사회 정의의 관점과 교육자의 마음 둘 다로부터 모든 학생이 자신의 여정을 개인화할 수 있는 엄격한 환경에서 서로 배울 기회를 가질 자격이 있다는 것이 너무나 명확하다면, 왜 UDL이 이류하는 데 그리 오래 걸리는 것인가? Aylin과 James와 같은 많은 아이는 왜 교과 전문가와 더욱 중요하게는 또래가 없는 교실에서, 또래로부터 완전히 분리되는 것일까?

이것은 우리의 밤잠을 설치게 하는 질문이다. 당신이 이것을 읽고 있다면, 우리는 당신을 깨어 있게 할 거라고 상상한다. 전 세계를 여행하면서 우리는 관리자 및 교사와 아주 많은 대화를 주고받는데, 그들은 아이들이 또래와 함께 수업에 '접근할 수 없기' 때문에 여전히 분리되고 있으며 분리한다고 말한다. 우리는 이야기를 바꿀 필요가 있다. 진실은 우리가 모든 학생의 요구를 충족시키는 교육을 제공할 수 없다는 것이고, 그것은 우스꽝스러운 일이다.

우리는 학생들이 학업적 어려움, 사회·정서 조절의 어려움과 도전적 행동을 포함하여 통합학급에서 왜 고군분투하는지 무수히 많은 이유를 열거할 수 있다. 우리는 또한 왜 사람들이 일부 학생들도 영재 프로그램으로 분리될 때 더 낫다고 생각하는지에 대한 이유도 제시할 수 있다. 우리는 계속해서 아이와 그들의 가족, 또는 우리의 시스템으로 범주화한 변인들로 이유를 들 수 있다. 그렇지 않으면 우리는 변화를 일으키고 모든 아이에 대해 더 높은 기대를 할 수 있다. UDL의 증거는 논란의 여지가 없지만 종종 무시된다. 왜 그럴까?

이 책에서 우리는 변화하기 어려운 몇 가지 이유를 제시했다. 인지적 부하는 우리를 더 단순하고 우리가 늘 그래왔던 일상적인 결정들, 즉 나날의 교육적 책무, 행정적 의무, 일상적인 의사소통, 회의, 채점 및 다음 날을 위한 준비들 간의 균형을 유지함으로써 소비하게 한다.

Gladwell(2000)의 연구는 UDL이 왜 항상 인기를 끌지 못하는지 또 다른 이유를 제시한다. 모든 혁신은 격차를 해소하기 위한 3명의 핵심 인물을 필요로 한다: 세일즈맨, 메이브, 그리고 커넥터. 여러분만의 UDL 여정을 생각해 보라. 당신도 아마 여러분에게 영감을 주고 여러분을 이 움직임에 영원히 끌어들인 세 사람이 있다는 것을 깨닫게 될 것이다.

세일즈맨, 메이브, 그리고 커넥터

세일즈맨은 사람들에게 무엇인가를 하도록 설득할 수 있는 매력과 기술을 모두 가지고 있어야 한다. 당신의 학교나 조직에 대해 생각해 보면, 사람들이 새로운 무엇인가에 착수하거나 시도해 보도록 사람들을 안전지대에서 나오게 하는 능력을 가진 1~2명의 사람이 항상 있다. 아이러니하게도, 같은 세일즈맨도 사람들에게 새로운 것을 시도하지 않도록 설득할 수 있기 때문에, 그들을 당신의 코너에 있도록 하는 게 중요하다. 만약 당신이 사람들로 하여금 새로운 것을 시도하도록 영감을 줄 수 있는 능력을 가지고 있음을 안다면, 그것을 사용하라. 그리고 진정한 세일즈맨은 판매를 성사시키려고 늘 노력할 것이라는 것을 알라.

　Katie의 남편인 Lon은 MBA를 가지고 있고 매우 성공적인 세일즈맨이다. 그는 낙천적이고, 동기와 영감을 준다. Katie는 "그에게 좋은 날은 그가 100명의 사람과 대화를 하고 99명만 전화를 끊거나 그에게 소리친 날이라고 말한 적이 있다. 100명 대신 99명을 더 이기면 되기 때문에 좋은 날이다."라고 말한다. 영업에서 여러분은 자신의 제품을 믿기 때문에 계속 노력해야 한다. 고객 1명의 마음을 사로잡기 위해, 목표는 고객들을 개별적으로 알아 가고, 원하는 결과를 얻을 때까지 계속해서 그들에게 연락하는 것이다.

　만약 당신이 세일즈맨이라면, 자신에게 다음과 같이 물어보라. UDL을 확산하기 위해 충분히 노력하고 있는가? UDL을 판매하려는 시도가 좌절되고 결과를 얻지 못한다면, 이는 아직 당신의 고객을 설득하지 못했기 때문이다. 영업에는 매력, 인내, 자기지시와 UDL 그 자체는 약간 필요하다.

　전 세계의 프레젠테이션에서 우리는 항상 다음과 같은 반대를 듣는다. "내 동료들은 UDL을 하지 않을 것이다." "이미 시작부터 과부하가 걸려 있다. 1가지 더 소개할 수 없다." "시간도 돈도 없고, 아이들도 그냥 할 수 없다." 세일즈맨은 다음의 내용을 경청하라. 여러분은 변명할 수도 있고, 아니면 변화를 만들 수도 있다. 세일즈맨들은 변화를 만들어야 한다. 만약 UDL의 모든 세일즈맨이 단 1명의 신자를 개종시킨다면, 우리는 그 간극을 건너기 위한 다리를 건설하기 시작할 것이다.

　만약 Lancaster 선장의 한편에 세일즈맨이 있었다면, 핫케이크처럼 레몬주스를 팔고 있었을 수 있지만, 우리의 친구 Lancaster는 세일즈맨은 아니었다. 그는 또한 메이브도 아니었다.

　세일즈맨은 혼자서 할 수 없다. 메이브은 정보를 찾고 퍼뜨리는 사람들이다. 그들은 우리의 책 읽는 사람, 연구자, 그리고 생각하는 사람이다. 메이브은 특정 주제에 대해 그들의 방대한 지식을 통하여 혁신을 확산한다. 동료들은 그들이 잘 읽고, 연구하고, 그 지식에 대해 존중받기 때문에 그들을 전문가라고 생각한다.

　우리는 CAST의 설립자 중 1명인 David Rose를 궁극적 메이브으로 생각한다. CAST는 4명의 뛰어난 교육자와 혁신가로 구성된 팀에 의해 설립되었으며, 팀 구성원들은 모든 학습자를 위해 세상을 바꿀 수 있는 조직을 개발하는 데 모두 핵심적인 역할을 했다. 하지만 사람들이 UDL에 대해 생각할 때 보통 David Rose를 먼저 생각하는데, 이는 그가 UDL 메시지를 멀리까지 퍼뜨리는 것에 집착해 모든 사람이 UDL에 접근할 수 있게 하였기 때문이다. 그는 논문과 책을 썼고, 학회에서 강연하였고, 수십 년 동안 대표 교육 책임자이자 공동 집행 디렉터로서 CAST의 얼굴이었다. 그는 또한 어떤 것에 대해서도 개인적 믿음으로 인정하지 않았다. 그는 항상 아이디어를 개발한 사람만이 아니라, 해당 아이디어의 중요성과 협업에 주안점을 두었다.

　만약 당신이 메이브이라면 사람들은 전문 지식 때문에 당신을 높이 보게 되고, 다른 사람들에게 그 지식을 전파하기 위해 UDL에 대해 가능한 한 많이 학습하는 것이 당신의 의무이다. 최근 발표된 학술적으로 검증된 논문들을 모두 읽고, UDL 전문가들의 블로그를 읽으며 트위터에서 최신 정보를 유지하라. CAST의 웹 사이트에서 최신 정보를 확인하고, 소셜 미디어를 팔로우하라. 당신이 많이 알면 알수록 더 많은 것을 전달할 수 있고, 사람들은 당신의 아이디어를 존중하기 때문에, 당신은 매우 중요한 역할을 한다.

오늘날 소셜 미디어에서 우리는 이러한 메이븐들을 인플루언서라고 부른다. 인플루언서는 특정 영역에서 신뢰를 구축하였고, 이러한 전문 지식 덕분에 다른 사람을 설득할 수 있다. Lancaster는 영국 해군 야적장에서 분명히 큰 영향력을 가지고 있지 않았다. 만약 영향력이 있었다면, 그의 작은 레몬주스 실험은 더 빨리 성공했을 것이기 때문이다.

마지막으로, 함께 다리를 건너야 하는 팀으로 커넥터가 있을 것이다. 커넥터는 모든 사람을 안다. 사람을 알아 가고 사람들을 서로 연결하는 것이 커넥터의 임무이다. Alison은 CAST가 UDL 가이드라인을 중심으로 콘텐츠를 혁신하고 반복하며 국제 지도자들이 모여 UDL을 논의하고 연구하는 사이트로서 UDL의 네트워크 허브가 되는 것을 발견하지만, 실제 우리의 커넥터는 학생들이다. 사이트에 상관없이, 전 세계 어디에서나, 교육자들은 우리가 변화하도록 영감을 주는 개별 학생들과 연결된다. 우리가 학생들에 대해 더 많이 생각할수록 우리가 하게 될 일들에 더 많이 연결될 것이고, 우리는 다른 사람들과 연결되어 더 많은 영감을 받을 것이다.

우리가 UDL을 홍보하는 이유는 요즘 실패할 위험이 가장 큰 우리 아이들을 상대로 한 내전 행위가 있기 때문이다. 우리는 교육자와 시스템이 우리 학생들이 능력이 없다고 결정하고 학생들이 삶의 궤적을 바꿀 수 있도록 허락하는 다양한 경험에의 접근을 막는 것을 허용할 수 없다. 우리는 그 간극을 넘어서지 못했지만, 넘을 것이다. 만약 우리가 모두 그 '소수'가 되겠다고 한다면, 전환점 (tipping point)은 우리의 도달 범위 안에 있다.

학습 목표를 시작으로 설계(디자인)에 집중할 때이다. '요즘' 학생들이 주의를 기울이지 않거나 몰입하지 않는 것은 아니다. 관심과 흥미를 불러일으켜야 하는 것이 우리의 디자인이다. 우리의 디자인을 통해 어떻게 모든 학생이 우리의 기대 이상으로 성공할 수 있는지 대화를 거꾸로 해 보는 것이 힘이 되어 준다.

우리에게 영감을 주는 이야기들은 우리가 전국의 교육자들로부터 듣는 이야기이다. 그것은 종종 비슷한 구조를 가진 이야기이다. "제가 당신에게 이 학생에 대해 이야기해 볼게요. …… 학생이 이렇게 할 수 있을 거라고 생각하지 못했는데…… 그리고 제가 한 것은 수업의 이 한 부분만을 바꾸었고…… 그 학생은 내 기대 이상으로 성취를 했어요. …… 그리고 지금 이 학생은 우리 반에서 너무 달라요."

우리는 또한 CAST의 초창기 이야기들의 일부를 떠올릴 때 영감을 얻는다. 예를 들어, 우리가 가장 좋아하는 것 중 하나는 락트인 증후군(locked-in syndrome, 의식은 있지만 몸의 운동 기능이 마비된 상태)이 있고, 의사소통을 할 수 없으며, 신체 대부분을 움직일 수 없었던 소년 Matthew의 이야기이다. 하지만 그의 정신은 믿을 수 없을 정도로 강했다. CAST는 물리적 의사소통의 어려움을 줄여 줄 스위치 도구를 개발했고, 그는 또래들과 함께 학교에서 학업에 참여할 수 있었다. 우리는 모든 학습 경험에서 개별, 그리고 모든 학생에게 일종의 '스위치'와 같이 우리가 설계에 포함할 수 있는 것이 있다고 확신한다. 이러한 전략과 다른 길을 찾는 것은 발견의 큰 즐거움이지만, 우리는 그것을 풍부한 언러닝 사이클을 통해 발견할 수 있다.

　그러니 제발, 여러분 자신의 실제에 언러닝 사이클을 받아들이고 다른 사람들도 그렇게 하도록 격려하라. 모든 학생이 배울 수 있다는 중핵적인 믿음에 충실하라. 만약 우리가 전부 이것을 믿지 않았다면, 우리는 교사가 되지 못했을 것이다. 우리의 모든 학생은 몰입하고 전문 학습자가 될 놀라운 잠재력을 가지고 있으며 언러닝을 통해 우리가 알고 있는 것과 사고 및 교수·학습의 새로운 모델과 교환함으로써, 우리는 모든 학생이 마땅히 받을 자격이 있는 교육을 제공할 수 있다. 학생들은 매번 우리의 기대를 뛰어넘을 것이다.

성찰:

- 세일즈맨, 메이븐 또는 커넥터는 누구인가? 다른 사람들과 당신의 UDL 여정을 공유하면서 당신은 어떤 사람이 되고자 노력할 것인가?
- 이 책의 결과로 당신이 실천할 최소 2가지를 기록하라. 여러분 자신을 위하여 계획을 세우라. 당신이 무엇을 할 것인지, 누구와 함께할 것인지, 그리고 변화로 확인하고자 하는 것을. 그것을 도식화하고, 거기에 이미지를 추가하고, 추진을 격려할 만한 마스코트나 주제가도 한번 생각해 보라!

UDL 레몬 허브 칵테일

선장 James Lancaster를 기리며

허브

잔 바닥에 4개의 큰 바질 잎을 흩뜨려 섞으라.
바질을 좋아하지 않는가?
민트, 실란트로, 로즈마리를 사용하라.
허브를 빼는 것도 오케이!

과일

잔에 갓 짜낸 신선한 레몬주스
2티스푼을 추가하라.
레몬이 얼굴을 찌푸리게 하는가? 갓 짜낸
수박주스 또는 오이주스 1/4 컵을 사용하라.

베이스

얼음이랑 잔에 탄산수 1컵을 부으라.
한 단계 업그레이드를 원하는가? 6온스
탄산수와 2온스의 보드카 또는 진을 섞으라.
탄산이 안 되면? 당연히 물도 괜찮다!

스위트너

로즈워터 1/4티스푼과 간단한 시럽
2티스푼을 섞으라.
로즈워터 맛이 비누 같은가? 그럼 빼거나 당신이
좋아하는 약간의 쓴맛으로 대체하라. 보드카나
진을 베이스로 사용하면, 간단한 시럽 대신
에더플라워 리큐어(단맛이 나는 향긋한 칵테일)
1온스를 사용하라.

당신의 생각을 낙서해 보라

참고문헌

Al-Fadhli, H., & Singh, M. (2006). Teachers' expectancy and efficacy as correlates of school achievement in Delta Mississippi. *Journal of Personnel Evaluation in Education*, *19*, 51-67.

Anderson, M. (2016). *Learning to Choose, Choosing to Learn: The key to student motivation and achievement*. Alexandria, VA: ASCD.

Cooper, H., Robinson, J. C., & Patall, E. A. (2006). Does homework improve academic achievement? A synthesis of research, 1987-2003. *Review of Educational Research*, *76*(1), 1-62.

Dale, A., & Hagren, E. (2017). Annenberg Foundation videos. Retrieved from http://www.learner.org/courses/neuroscience/common_includes/si_flowplayer.html?pid=2377

Duhigg, C. (2012). *The power of habit: Why we do what we do in life and business* (Vol. 34, 10th ed.). New York, NY: Random House.

Gladwell, M. (2000). *The tipping point: How little things can make a big difference*. Boston, MA: Little, Brown.

Grotzer, T. (2012). *Learning causality in a complex world: Understandings of consequence*. New York, NY: R&L Education.

Hattie, J. (2009). *Visible learning: A synthesis of over 800 meta-analyses relating to achievement*. New York, NY: Routledge.

Longfield, J. (2009). Discrepant teaching events: Using an inquiry stance to address students' misconceptions. *International Journal of Teaching and Learning in Higher Education*, *21*(2), 266-271. Retrieved from http://www.isetl.org/ijtlhe/pdf/ljTLHE732.pdf

Maltese, A., Tai, R., & Fan, X. (2012). When is homework worth the time?:

Evaluating the association between homework and achievement in high school science and math. *High School Journal*, *96*(1), 52-72.

Marzano, R. J. (2011). The art and science of teaching: Making the most of instructional rounds. *Educational Leadership*, *68*(5), 80-82. Retrieved from http://www.ascd.org/publicaions educational-leadership/feb11/vol68/num05/Making-theMost-of-Instructional-Rounds.aspx

Merton, R. (1948). The self-fulfilling prophecy. *Antioch Review*, *8*, 193-210.

Meyer, A., Rose, D. H., & Gordon, D. (2014). *Universal design for learning: Theory&practice*. Wakefield, MA: CAST.

Novak, K. (2016). *UDL Now: A teacher's quide to applying UDL in today's classrooms*. Wakefield, MA: CAST

Novak, K., & Rodriguez, K. (2018). *UDL progression rubric*. Wakefield, MA: CAST. Retrieved from http://castpublishing.org/wp-content/uploads/2018/02/UDL_Progression_Rubric_FINAL_Web_REV1.pdf

Posner, G. J., & Strike, K. A., Hewson, P. W., & Gertzog, W. A. (1982). Accommodation of a scientific conception: Toward a theory of conceptual change. *Science Education*, *66*(2), 211-227.

Rogers, E. M. (1962). *Diffusion of innovations*. New York, NY: Free Press of Glencoe.

Rose, T. (2016). *The end of average*. New York, NY: HarperCollins.

Rosenthal, R., & Jacobson, L. (1968). *Pygmalion in the classroom: Teacher expectation and pupils' intellectual development*. New York, NY: Holt, Rinehart & Winston.

Tannahill, R. (1989). *Food in history*. New York, NY: Crown.

Tomlinson, C. A. (2014). *The differentiated classroom: Responding to the needs of all learners*. Alexandria, VA: ASCD.

Wiggins, G. P., & McTighe, J. (2005). *Understanding by design*. Alexandria, VA: ASCD.

Wiilngham, D. (2018). How many people believe learning styles theories are right? [blog post]. Retrieved form http://www.danielwillingham.com/daniel-willingham-science-and-education-bolg/how-many-believe-learning-styles-theories-are-right-and-why

Yazzie-Mintz, E. (2010). *Charting the path from engagement to achievement: A report on the 2009 High School Survey of Student Engagement*. Bloomington, IN: Center for Evaluation and Education Policy.

부록 A
UDL 관련 책과 논문들

이 책은 UDL에 대한 개론서가 아니다. UDL의 개관을 파악하려면 다음의 책들을 추천한다.

- 『UDL Now! A Teacher's Guide to Applying Universal Design for Learning in Today's Classrooms』
  저자 Katie Novak(2016, Wakefield, MA: CAST)
- 『Design and Deliver: Planning and Teaching Using Universal Design for Learning』[1]
  저자 Loui Lord Nelson(2013, Baltimore, MD: Paul Brookes)
- 『Your UDL Lesson Planner: The Step-By-Step Guide for Teaching All Learners』
  저자 Patti Ralabate(2016, Baltimore, MD: Paul Brookes)
- 『Dive into UDL: Immersive Practices to Design for Expert Learning』

---

1) 역자 주: 국내에서는 『보편적 학습설계: 설계에서 수업까지』(김남진 · 이학준 · 김용성 공역, 학지사, 2019)라는 제목으로 번역 · 출간되었다.

저자 Kendra Grant and Luis Perez(2018, Washington, DC: ISTE)
- 『Universal Design for Learning: Theory and Practice』
  저자 Anne Meyer, David H. Rose, and David Gordon(2014, Wakefield, MA: CAST)

이 책은 UDL 적용에 관한 것은 아니라 다음의 책들을 추천한다.

- 『Universally Designed Leadership: Applying UDL to Systems and Schools』
  저자 Katie Novak and Kristan Rodriguez(2016, Wakefield, MA: CAST)
- 『UDL: Moving from Exploration to Integration』
  저자 Elizabeth Berquist(2017, Wakefield, MA: CAST)

또한 CAST Publishing에서 매년 추가되는 많은 새로운 제목을 찾아보라. 자세한 내용은 www.castpublishing.org를 참고하라.

부록 B

UDL 가이드라인

다양한 참여 방식 제공
정의적 네트워크
(The 'WHY' of Learning)

다양한 표상 방식 제공
인지적 네트워크
(The 'WHAT' of Learning)

다양한 행동 및 표현 방식 제공
전략적 네트워크
(The 'HOW' of Learning)

다양한 참여 방식 제공	다양한 표상 방식 제공	다양한 행동 및 표현 방식 제공
흥미를 돋우는 다양한 선택 제공(7) • 개인의 선택과 자율성 최적화하기(7.1) • 학습자와의 관련성, 가치, 현실성 최적화하기(7.2) • 위협이나 주의를 분산시킬 만한 요소를 최소화하기(7.3)	**인지 방법의 다양한 선택 제공(1)** • 정보의 지각 방식을 학습자에게 맞게 설정하는 방법 제공하기(1.1) • 청각 정보에 대안 제공하기(1.2) • 시각 정보에 대안 제공하기(1.3)	**신체적 표현 방식에 따른 다양한 선택 제공(4)** • 응답과 자료 탐색 방식 다양화하기(4.1) • 다양한 도구와 보조공학기기 이용 최적화하기(4.2)
지속적인 노력과 끈기를 돕는 선택 제공(8) • 목표나 목적을 두드러지게 두기(8.1) • 난이도를 최적화하기 위한 요구와 자료를 다양화하기(8.2) • 협력과 동료 집단을 육성하기(8.3) • 성취 지향적 피드백 증진시키기(8.4)	**언어와 상징의 다양한 선택 제공(2)** • 어휘와 기호의 뜻 명료하게 하기(2.1) • 글의 짜임새와 구조 명료하게 하기(2.2) • 문자, 수식, 기호의 해독 지원하기(2.3) • 범언어적인 이해 증진시키기(2.4) • 다양한 매체를 통해 의미 보여 주기(2.5)	**표현과 의사소통을 위한 다양한 선택 제공(5)** • 의사소통을 위한 여러 가지 매체 사용하기(5.1) • 작품의 구성과 제작을 위한 여러 가지 도구 사용하기(5.2) • 연습과 수행을 위한 지원을 점차 줄이면서 유창성 키우기(5.3)
자기조절 능력을 키우기 위한 선택 제공(9) • 학습 동기를 최적화하는 기대와 믿음 증진시키기(9.1) • 극복하는 기술과 전략 촉진하기(9.2) • 자기 평가와 성찰을 발달시키기(9.3)	**이해를 돕기 위한 다양한 선택 제공(3)** • 배경 지식을 제공하거나 활성화시키기(3.1) • 패턴, 핵심 부분, 주요 아이디어 및 관계 강조하기(3.2) • 정보처리 과정과 시각화에 대해 안내하기(3.3) • 정보 전이와 일반화 극대화하기(3.4)	**실행 기능을 위한 다양한 선택 제공(6)** • 적절한 목표 설정에 대해 안내하기(6.1) • 계획하기와 전략 개발 지원하기(6.2) • 정보와 자료 관리를 용이하게 돕기(6.3) • 학습 진행 상황을 모니터링하는 능력 증진시키기(6.4)
목적의식과 학습 동기가 뚜렷한 전문 학습자	지식이 풍부하고 지식을 활용하는 전문 학습자	전략적이고 목표 지향적인 전문 학습자

udlguidelines.cast.org cast.org | © CAST, Inc. 2018 | Suggested Citation: CAST (2018). Universal design for learning guidelines version 2.2 [graphic organizer]. Wakefield, MA: Author.

부록 C

UDL 진행 루브릭

CAST(2018)의 『UDL 가이드라인(UDL Guidelines)』에 기초함
Katie Novak & Kristan Rodriguez

다양한 참여 방식 제공

		초기	숙련	전문가 발전
흥미를 돋우는 다양한 선택 제공(7)	개인의 선택과 자율성 최적화하기 (7.1)	무엇을 배우는지 (예: '프랑스에 대해 알아오기'보다는 '알아보고 싶은 나라 선택하기'), 어떻게 배우는지(예: 책, 비디오, 이해를 돕는 교사 수업)와 학생들이 아는 것을 표현하는 방법(예: '포스터를 만들거나 문단으로 써 오기')에 있어 선택을 제공하기	무엇을 배울지(기준에 따라 안내된), 어떻게 배울지, 아는 것을 표현하는 방법을 결정하도록 다양한 옵션에서 학생들이 선택하도록 격려하기. 기준에 충족한다면 학생들에게 추가적인 옵션을 제안하도록 격려하기	무엇을 배울지, 어떻게 배울지, 아는 것을 실제적인 방식으로 표현하는 방법에 대해 학생들이 선택하거나 대안을 제안하도록 격려하기. 직접적인 지시가 아닌 교사 촉진과 피드백을 통해 자신의 선택을 성찰하고 자기점검을 하도록 격려하기

학습자와의 관련성, 가치, 현실성 최적화하기(7.2)	학생들이 생각했을 때 관련성이 있고, 가치가 있고, 의미가 있는 것을 강조하는 옵션을 제공하기. 예를 들어, 학생 설문을 하고 관심사를 토대로 수업에 대한 교수적 의사결정하기	학생들에게 관련성과 가치가 있고, 실제적인 것에 대해 공유하고, 학생들의 관심, 문화와 개인적 강점과도 일치하는 확인된 기준을 충족하는 수업과 평가 옵션을 제안하도록 격려하기. 예를 들어, 매주 출구 티켓[1] 또는 토론 수업으로 할 수 있음	학생들로 하여금 수업 내용과 관심사를 연결하고, 자신의 이해를 실제적인 현실 세계 시나리오 및 실제적인 평가와 연결하도록 하며, 교사의 지도로 자신의 학습 경험을 직접 디자인할 수 있도록 격려하기. 예를 들어, 1가지 실험에 할당하는 대신 학생들에게 2가지 실험에 대해 선택하도록 하며, 과학적 관심사와 기준을 바탕으로 자신만의 실험을 디자인하도록 격려하기
위협이나 주의를 분산시킬 만한 요소를 최소화하기(7.3)	학습이 이루어질 수 있는 안전한 수업 장소를 마련하기 위해 모두에게 위협적이며 주의를 산만하게 하는 요소를 줄일 수 있도록 옵션을 제공하기. 예를 들어, 자리, 협력 과제, 명확한 PBIS 기대치에 대한 선택 제시하기	교실의 규정과 PBIS 기대치를 확인하기 위해 학생들과 함께 협력하며, 자리와 협력에 대하여 다양한 옵션이 있도록 학생들이 교실을 디자인하도록 돕는 것을 격려하기	학생 스스로 옹호하고 협력하도록 하여 위협이나 주의를 분산시킬 만한 요소를 확인한 다음 뛰어난 성과를 허용할 수 있는 창의적인 해결책을 만들 수 있도록 격려하기. 학생의 목소리가 환경을 주도함

1) 역자 주: 수업을 마치고 교실을 나가기 전에 학생들이 답해야 하는 짧은 퀴즈(p. 97)

다양한 참여 방식 제공

		초기	숙련	전문가 발전
지속적인 노력과 끈기를 돕는 선택 제공(8)	목표나 목적을 뚜렷하게 부각시키기(8.1)	목표와 그 가치를 모두 '상기'시켜 주기. 예를 들어, 게시판이나 평가와 프로젝트의 표지에 기준 작성하기	학생들로 하여금 자신의 열정과 관심사에 맞추어 협력적으로 목표를 논의하고 목표에 도달하도록 다양한 옵션을 선택하도록 격려하기	학습 기준이 제시되고 학생들로 하여금 어떻게 배울지, 어떻게 표현할지 개인적인 목표를 세우도록 하며, 과정 전반을 통해 도전하게 만들기
	난이도를 최적화하기 위한 요구와 자료를 다양화하기(8.2)	명확한 난이도로 학생들이 내용을 학습할 수 있도록 옵션을 제공하기. 예를 들어, '내전에 관해 학습하기 위해 제시된 자원들 중 1가지 탐색하기'에 따라 어려운 기본 문서 자료와 비디오가 있을 수 있음	기준 및 학습을 위한 자신의 전략에 대해 성찰하도록 요구할 수 있는 명확한 난이도로 학생들이 내용을 학습할 수 있도록 다양한 옵션을 제공하기. 예를 들어, '내전에 관해 학습하기 위해 다음 6가지 자원 중 2가지 선택하기'에 따라 어려운 기본 문서 자료와 요약문, 비디오나 전문가의 팟캐스트가 있을 수 있음	기준에 기초하여 자신의 내용과 평가를 선택할 수 있도록 하며, 도전할 수 있게 제공한 다양한 옵션에 더하여 학생들이 협력할 수 있도록 격려하고, 자신의 관심사와 열정에 관련된 적절한 자원을 확인하도록 하기

협력과 동료 집단을 육성하기(8.3)	다른 학생들과 협력적으로 작업하는 방법을 배우도록 기회를 제공하기. 예를 들어, 명확한 목표, 역할 및 책임이 있는 협력적 학습 집단 만들기	협력적 집단과제를 가치 있게 여기는 교실 만들기. 학생들은 자신의 집단을 구성하고 집단 규정 등을 만들고, 다양한 파트너를 찾고 함께 작업함	학생들이 목표를 확인하고, 전략을 개발하고, 통합적 사고력을 기르면서 서로에게 피드백을 제공하고 숙련을 지향하는 피드백으로 서로를 밀어붙이도록 함께 작업하는 교실 문화 만들기
성취 지향적 피드백 증진시키기 (8.4)	수행 또는 기준 준수에 대한 고정된 개념이 아니라 숙련하도록 학습자를 안내하는 피드백을 제공하기. 예를 들어, 어려움에 직면하였을 때 특정 지원과 전략을 사용하도록 격려하는 피드백을 제공하기	새로운 피드백을 제공하는 것에 더불어 서로에게 숙련을 지향하는 피드백을 제공하도록 학생들을 격려하여 노력과 끈기를 기르고 개선할 수 있도록 지원하기	숙련된 연습을 실행하고, 학생들이 숙련을 지향하는 피드백을 독립적으로 사용하여 자기성찰, 자기지시 및 도전 영역에서 개인적 성장을 추구할 수 있도록 격려하기

다양한 **참여** 방식 제공		초기	숙련	전문가 발전
자기조절 능력을 키우기 위한 선택 제공 (9)	학습 동기를 최적화하는 기대와 믿음 증진시키기 (9.1)	인내의 힘에 대해 가르치고, 모든 학생이 자신을 유능한 학습자로 바라볼 수 있도록 하는 언어와 피드백을 사용하기	관계를 형성하고, 실제적인 관련성을 만들고, 자신의 개인적 열정과 관심사를 활용하여 영감을 주고, 성공을 향해 나아가도록 학생들과의 대화를 촉진하기	개인의 자기대화를 지지하고 학습에 대한 긍정적 태도를 지원하도록 학생들을 격려하는 교실 문화를 만들기
	극복하는 기술과 전략 촉진하기 (9.2)	자신의 정서적 반응을 관리하고 지시하는 데 학습자를 도울 수 있는 알림, 모델 및 도구를 제공하기. 예를 들어, 대처 기술을 보여 주는 이야기 또는 시뮬레이션 사용하기. 다른 자리, 피젯 도구, 명상 휴식과 같이 스트레스 해소를 위한 옵션을 제공하기	자신의 학습을 조절하는 다양한 전략을 선택하도록 허락함으로써 어려운 도전을 감당하도록 학생들을 격려하기(예: 휴식 코너, 헤드폰 끼기, 산책)	자신과 동료를 위해 학습을 촉진하기 위한 적절한 해결 전략과 기술을 사용하고, 자신의 느낌을 명확하게 해석하며 자기성찰을 하도록 학생들을 격려하기
	자기 평가와 성찰을 발전시키기 (9.3)	루브릭, 자기평가 등으로 자신의 학습에 대해 성찰할 수 있는 도구를 학생들에게 제공하기	여러 가지 자기 평가 기술의 다양한 모델과 발판을 제공하여 학생들이 가장 적합한 것을 확인하고 선택하도록 하기. 예를 들어, 성장을 점검하는 목적으로 자신의 행동과 학업적 수행에 대한 자료를 수집, 측정 및 게시하는 방식을 포함할 수 있음	지속적으로 학습 과정과 평가에 대해 성찰하여 자기주도적인 학습자로 성장할 수 있도록 하는 문화를 만들기

다양한 **표상** 방식 제공		초기	숙련	전문가 발전
인지 방법의 다양한 선택 제공(1)	정보의 제시 방식을 학습자에 맞게 설정하는 방법 제공하기(1.1)	다양성을 강조한 자료와 자원을 만들고 더 많은 학생의 요구 충족하기(예: 확대 출력, 추가 여백, 시각 자료)	전자적으로 접근할 수 있는 자료와 자원 만들기. 학생이 자신의 기기를 사용하여 텍스트, 시각 및 오디오 정보와 상호작용하고 개인화, 필기, 크기/볼륨 등을 확대/축소할 수 있도록 하기	자신의 요구(예: 비디오 시청 또는 유인물 탐색)에 가장 적합한 자원과 자료를 선택하여 교사로부터 명시적 지시 없이도 스스로 학습을 개인화하도록 격려하기
	청각 정보의 대안 제공하기(1.2)	음성으로 제시된 모든 정보에 대해 삽입된 옵션 제공하기. 예를 들어, 비디오 재생 시 폐쇄 자막(자막의 표시 여부를 설정할 수 있는 자막) 사용하기	청각 정보에 의존하지 않도록 내용을 학습하기 위한 대안을 선택할 수 있는 다양한 옵션 제공하기(예: 비디오 또는 텍스트 읽기를 위한 폐쇄 자막)	청각적 대안을 선택하도록 격려할 뿐만 아니라 이해를 돕기 위한 추가적이고 신뢰할 수 있는 자원을 찾을 수 있는 프레임워크 제공하기(예: 웹 사이트 또는 저자가 신뢰할 만한지 판단하는 방법에 대한 자원)
	시각 정보의 대안 제공하기(1.3)	시각적 정보에 의존할 필요가 없도록 삽입된 옵션 제공하기. 예를 들어, 학생들이 다 같이 따라 읽는 동안 소리 내어 읽기	시각 정보에 의존하지 않도록 내용을 학습하기 위한 대안을 선택할 수 있는 다양한 옵션 제공하기(예: 읽기 대신 오디오북 듣기 또는 짧은 발표를 위해 교사와 함께 작업하기)	시각적 대안을 선택하도록 격려할 뿐만 아니라 이해를 돕기 위한 추가적이고 신뢰할 수 있는 자원을 찾을 수 있는 프레임워크 제공하기(예: 웹 사이트 또는 저자가 신뢰할 만한지 판단하는 방법에 대한 자원)

다양한 **표상** 방식 제공		초기	숙련	전문가 발전
언어와 상징의 다양한 선택 제공(2)	어휘와 기호의 뜻 명료하게 하기 (2.1)	관용구, 구식 표현, 문화적으로 배타적인 문구와 속어 변역하기. 예를 들어, 정의, 시각 자료, 설명과 예시를 사용하여 어휘를 명시적으로 가르치기	연습과 함께 학생들이 익숙하지 않은 단어를 독립적으로 배울 수 있도록 문맥 단서에 대한 명시적 교수 제공하기	사용할 수 있는 자원을 활용해 협력적으로 작업하여 관련 어휘를 사용하는 정확한 방법을 결정하도록 격려하기
	글의 짜임새와 구조 명료하게 하기 (2.2)	익숙하지 않은 구문(언어나 수학 공식) 또는 기본 구조(다이어그램, 그래프, 삽화, 확장된 설명 또는 이야기)를 명료화하기. 예를 들어, 에세이에서 접속어 강조하기	학생 스스로 구문과 구조(사전, 수학 참고서, 유의어 사전 등)를 명료화할 수 있도록 하는 자원 제공하기	학습 중인 자료를 미리 살펴보고, 명료화할 필요가 있는 영역을 강조하며, 지식과 이해를 돕기 위해 적절한 자원을 선택하도록 격려하기
	문자, 수식, 기호의 해독 지원하기 (2.3)	정보 이해에 어려움을 겪는 학생을 위해 직접 교수, 촉진 및 비계 자료 제공하기. 또한 이해를 지원하기 위한 시각 자료와 같은 대안 제공하기	이해 장벽을 낮추고 기호, 상징, 또는 문제를 파악하도록 돕는 전략과 자료(예: 수학 참고서, 문맥 단서 전략 등) 제공하기	글, 수학적 기호와 상징을 해독하는 데 학습한 전략을 독립적으로 활용하도록 격려하기

	범언어적인 이해 증진시키기(2.4)	핵심 정보 또는 어휘에 대한 자료의 대안을 제공하기. 예를 들어, 주요 언어(예: 영어)로 된 핵심 정보를 언어를 처음 배우는 영어 유창성이 제한된 학습자가 이용할 수 있도록 하기. 또한 이미지와 단어를 사용하고 반의어 보여주기 등	학습 중인 자료를 번역하고 협력적인 이해를 돕기 위해 학생들에게 앱, 웹 사이트 및 사전과 같은 도구에 대한 접근 권한을 제공하기	학습 중인 자료를 번역하는 옵션을 학생이 독립적으로 활용하고, 도구와 앱 등을 사용하여 이해를 돕기 위해 협력하도록 격려하기
	다양한 매체를 통해 의미 보여 주기(2.5)	핵심 개념을 1가지 형식의 상징적 표상(예: 설명 텍스트 또는 수학 방정식)으로 대안적 형식(예: 그림, 다이어그램, 비디오 등)과 함께 제시하기	다양한 옵션과 상징적 표상을 학생들에게 제시하여 의미를 만들고 이해를 돕는 옵션을 선택할 수 있도록 허용하기	모든 학생이 동일한 자원에서 학습할 필요가 없도록 다양한 표상의 여러 옵션에서 학생들이 효과적인 자원을 선택할 수 있도록 격려하기

다양한 **표상** 방식 제공		초기	숙련	전문가 발전
이해를 돕기 위한 다양한 선택 제공(3)	배경지식을 제공하거나 활성화시키기(3.1)	시각 자료, 오디오 등의 옵션과 함께 직접 교수를 사용하여 모든 학생에게 내용에 대한 배경 정보 제공하기	선행 정보를 다른 곳에 연결하거나 관련 사전 지식을 제공 또는 활성화시키는 옵션을 학생에게 제공하기. 예를 들어, 내용 조직자(예: KWL 방법, 개념도)를 사용하고 학생들이 적절한 배경지식을 쌓도록 해 주는 자원을 선택할 수 있도록 권장하기	학생들이 자신의 배경지식 격차를 파악하고 수업의 목표 달성을 위해 지식을 쌓는 데 적절한 자원을 선택할 수 있도록 격려하기. 예를 들어, 진단 평가로 시작하고, 학습에서의 격차를 보완하기 위한 전략을 개발하고 성찰하도록 요청하기
	패턴, 핵심 부분, 주요 아이디어 및 관계 강조하기(3.2)	정보의 가장 중요한 특징을 학생들이 인식하도록 명시적 단서 또는 촉진 제공하기. 예를 들어, 개요, 그래픽 조직자, 형광펜 등을 사용하도록 지도하기	정보의 가장 중요한 특징의 인식을 지원하는 다양한 전략과 옵션 제공하기. 예를 들어, 개요, 그래픽 조직자, 형광펜, 워드클라우드 앱과 다른 조직 도구를 사용하도록 허용하기	중요한 정보를 강조하기 위한 가장 효과적인 전략을 결정하고 패턴, 주요 특징, 핵심 아이디어 및 관계의 인식을 지원하는 전략을 학생들이 독립적으로 선택하도록 자기성찰을 격려하기
	정보처리 과정과 시각화에 대해 안내하기(3.3)	정보처리와 시각화를 지원하는 자료와 전략 및 도구 제공하기. 도구에는 교구(예, 계산 큐브), 용어 사전, 그래픽 조직자 등이 포함	시각적 메모 작성, 이미지 찾기 기술 사용, 교구 선택 및 사용과 같은 처리와 시각화를 지원하는 데 사용할 다양한 자료, 전략 및 도구와 옵션을 제공하기	정보처리, 시각화와 조작을 안내하는 가장 적절한 자료, 전략 및 도구를 학생들이 독립적으로 선택하며 필요한 경우 추가 도구 및 전략을 탐색하도록 자기성찰을 격려하기

| | 정보 전이와 일반화 극대화하기 (3.4) | 다른 내용 영역 및 상황으로 정보를 전이하는 데 학생들이 사용할 수 있는 명시적 전략 모델링하기. 예를 들어, 지식이 다른 수업에 사용되거나 수업에서 내용 간 비교에 사용되는 방법(텍스트 대 텍스트 비교처럼) 보여 주기 | 학생들이 실제적 연결을 만들고 다른 내용 영역 및 실제 상황에 의미 있는 방식으로 지식을 적용할 수 있는 학제 간 프로젝트와 같이 의미 있는 전이를 위한 옵션을 제공하기 | 내용에 대한 이해를 증진하고 자신의 고유한 프로젝트를 설계하며, 실제적인 현실 세계 시나리오에서 지식과 이해를 표현하도록 학생들이 수업시간에 배운 지식과 기술을 적용하도록 격려하기 |

다양한 **행동 및 표현** 방식 제공		초기	숙련	전문가 발전
신체적 표현 방식에 따른 다양한 선택 제공(4)	응답과 자료 탐색 방식 다양화하기(4.1)	동일한 과제 내에서 응답과 탐색에 사용되는 방법으로 1가지 이상의 옵션을 제공하기. 예를 들어, 어떤 학생은 iPad를 사용하고 다른 학생은 손으로 글을 쓸 수 있음	동일한 과제 내에서 응답과 탐색에 사용되는 다양한 옵션을 제공하기. 예를 들어, 일부 학생은 iPad, 다른 필기도구, 키보드, 음성 인식 소프트웨어 등을 사용할 수 있음	자신의 기기를 사용하여 학생들이 모든 과제에 대한 자료에 응답하고 상호작용하도록 격려하기(예: 헤드폰, 키보드, 교구, 조이스틱 등을 사용하는 옵션)
	다양한 도구와 보조공학기기 이용 최적화하기(4.2)	IEP 또는 504에서 필요한 경우 일부 학생이 탐색, 상호 작용 및 작문을 위하여 보조공학을 사용할 수 있도록 허용하기	iPad, 음성인식 1:1 기기 등과 같은 보조 공학을 사용할 수 있도록 다양성에 상관없이 모든 학생에게 다양한 옵션을 제공하기	자신의 지식과 기술을 표현할 수 있는 추가적인, 개인화된 옵션을 학생들에게 제공하기 위해 자신에게 맞는 기술의 요구를 평가하고 선택하도록 격려하기
표현과 의사소통을 위한 다양한 선택 제공(5)	의사소통을 위한 여러 가지 매체 사용하기(5.1)	장애물 없이 자신의 이해를 표현할 수 있도록 평가에 답하는 1가지 이상의 방식을 제공하기. 전통적인 시험도 하나의 옵션일 수 있지만, 구두 발표나 에세이 쓰기도 옵션이 될 수 있음	자신의 이해를 표현하고 평가받는 일부 방식을 제안하도록 하는 다양한 옵션을 제공하기. 그리하여 학생들이 특정 유형의 시험에서 얼마나 잘 수행하는지보다는 알고 있는 것을 보여 주는 것이 핵심임을 이해하게 함. 학생들은 자신의 이해를 포현하기 위해 텍스트, 오디오, 비디오, 멀티미디어, 라이브 발표와 다양한 방식으로 표현하도록 선택할 수 있음	기준 또는 일련의 역량 또는 숙련도 기반 루브릭에 대해 학생들이 성찰하도록 하며, 독립적으로 기준의 도달을 입증할 수 있는 실제적이고 혁신적인 결과물을 만들도록 하기

작품의 구성과 제작을 위한 여러 가지 도구 사용하기(5.2)	자신의 지식을 표현하는 데 도움이 되는 1가지 이상의 도구 또는 전략을 학생들에게 제공하기. 예를 들어, 전통적인 펜과 종이를 사용하여 응답을 작성하도록 허용하거나, 자신의 기기로 멀티미디어 발표를 만들 수 있음	자신의 지식을 표현하는 데 도움이 되는 다양한 도구와 전략제공하기. 예를 들어, 학생들은 전통적인 서면 방법, 블로그 소프트웨어나 Emaze의 ThingLink와 같은 멀티미디어 도구를 사용하여 응답을 작성할 수 있도록 함	과제가 제시되거나 독립적으로 실제 결과물을 만들 때, 학생들은 자신의 학습을 지원하고 접근 가능하고 참여적인 방식으로 지식과 기술을 표현하는 엄격한 옵션을 위해 도전하여 노력하며, 수업 시간에 노출되었던 도구를 기반으로 구축해 가도록 도구와 자료를 선택하고, 자기성찰을 하도록 격려함
연습과 수행을 위한 지원을 점차 줄이면서 유창성 키우기(5.3)	교사 주도에서 협력 집단과 독립된 작업까지 비계 모델을 실행하며 서서히 책임을 학생들에게 넘기기. 예를 들어, 협력 작업에서 팀 구성원에게 특정 과제를 할당하고 독립된 작업으로의 이동 또는 교사 주도 수업에서 소크라테스식 세미나로 이동 전 학생들의 진보 점검하기	학습 과정 전반에 걸쳐 지원 및 발판을 위해 옵션을 제공하고, 학생들이 협력 집단과 독립적으로 작업하는 동안 지식을 쌓을 수 있도록 허용하는 자원을 선택하도록 격려하기. 예를 들어, 협력 집단에서 학생들이 스스로 자기 역할을 선택하도록 격려하며; 토론 수업에서는 규칙과 구조를 설계하는 데 협력하도록 함	엄격한 목표를 달성하기 위해 생산적으로 애쓰도록 하는 도전을 만들며, 학생들이 지원을 '쉽게' 만들기보다는 개선을 할 수 있도록 돕는 도구로서 지원을 사용하도록 격려하기. 학생들이 피드백을 제공하고 교사 교육을 주도하도록 하며; 루틴 점검과 성찰을 포함하는 집단 작업을 위한 역할과 기대를 정의하도록 권장함

다양한 **행동 및 표현** 방식 제공		초기	숙련	전문가 발전
실행 기능을 위한 다양한 선택 제공 (6)	적절한 목표 설정에 대해 안내하기 (6.1)	학생들이 기대를 충족하거나 초과하기 위해 무엇을 해야 하는지 분명하게 하는 명확한 목표 제공하기. 예를 들어, 게시판과 과제에 기준을 게시하고, 학생들에게 수업 내내 기준과 목표를 분명히 설명하기	목표 설정 기술을 개발할 수 있도록 학습자를 위한 조건 만들기. 예를 들어, 게시판과 과제에 대한 기준을 학생들에게 제공하되, 목표 설정의 과정과 결과물에 대한 모델 또는 예시를 제공하여 기준을 향해 노력하는 동안 모든 학생이 개인화된 목표를 개발할 수 있도록 함	개인화된 도전 영역을 강조하면서 개인적인 강점을 최적화하는 실행 계획과 전략뿐만 아니라 확인된 기준과 일치하는 목표를 포함한 개인화된 학습 계획을 작성하도록 학생들을 격려하기
	계획하기와 전략 개발 지원하기 (6.2)	전략적 계획하기 과정을 촉진하기. 예를 들어, 학생들을 체계적으로 관리하기 위해 모든 학생에게 과제, 마감일, 계획하기 템플릿에 관한 체크리스트를 제공하기	전략적 계획하기 과정을 촉진하기. 예를 들어, 학생들에게 조직화 도구를 제공할 뿐만 아니라 목표를 달성하기 위해 개인화된 전략을 만드는 데 필요한 발판을 제공하기	자신의 확인된 목표를 달성하기 위한 개인화된 실행 계획을 세우고, 학생들에게 자기평가와 자기성찰을 하도록 격려하기. 예를 들어, 학생들이 선택한 과제를 수행하는 데 필요한 시간과 자원이 얼마인지 성찰하고 자신의 목표를 달성하기 위한 개인적인 마감일과 과제 목록을 만들도록 격려하기

정보와 자료 관리를 용이하게 돕기 (6.3)	학생들을 위한 조직화 보조로서 역할을 할 수 있는 발판과 지원을 제공하기. 예를 들어, 모든 학생에게 노트필기를 위한 템플릿을 제공하기	다양한 그래픽 조직자 또는 노트필기를 위한 다양한 전략과 같이 조직화 보조의 역할을 하는 여러 가지 발판, 지원 및 자원에 대한 노출을 지원하기	자신의 확인된 목표를 달성할 수 있도록 정보와 자원을 조직하도록 허용할 수 있는 가장 적절한 지원과 자원을 독립적으로 선택하며, 학생들에게 자기평가와 자기성찰을 하도록 격려하기
학습 진행 상황을 모니터링하는 능력 증진시키기 (6.4)	자신의 진보를 점검할 수 있도록 학생들에게 형성적 피드백 도구를 제공하기. 예를 들어, 학생들에게 평가 체크리스트, 채점 루브릭, 주석이 달린 학생 작업/수행 예시의 여러 가지 예시를 제공하기	평가 체크리스트, 채점 루브릭 및 예시와 같은 다양한 도구를 사용하여 교사, 또래 및 자신으로부터 피드백을 받을 수 있도록 학생들을 위해 다양한 기회를 제공하기	수행을 지속적으로 성찰하고, 피드백을 수집하며, 성장을 촉진하고 강조하기 위해 자신의 작업을 수정할 수 있도록 교사와 동료를 포함한 다양한 자원의 사용을 격려하기

찾아보기

인명

내용

저자 소개

Allison Posey(교육학 석사, MEd)는 CAST(UDL 프레임워크를 개발한 비영리단체)의 교육과정과 설계 전문가이며, 『Engage the Brain: How to Design for Learning that Taps into the Power of Emotion』(ASCD, 2018) 의 저자이다.

Allison은 CAST에서 UDL 실행을 통하여 모든 이를 위한 학습 기회를 지원하기 위한 콘텐츠와 자료의 개발에 힘쓰고 있으며, 현대 뇌과학에서 알려진 연구를 교수적 실제와 통합시키고자 하는 국내와 국제 교과 프로그램의 선두주자이다. 또한 공정함과 포용성을 극대화하고자 교육자들을 위한 무료 온라인 세미나(webinar) 시리즈를 주최하고 있다.

CAST에 오기 전 Allison은 고등학교와 커뮤니티 칼리지의 생명과학 교사로 일하며 유전학, 해부학, 생리학, 생물학, 신경과학, 그리고 심리학을 가르쳤다. Harvard Graduate School of Education에서 정신, 뇌, 그리고 교육(Mind, Brain, and Education) 학위를 받았고, 같은 곳에서 Educational Neuroscience and Framing Scientific Research for Public Understanding을 포함한 여러 수업의 강사로 활동했다. Maryland Institute of Art에서 미술 자격증(Certificate of Fine Arts)을 취득했다.

Katie Novak(교육학 박사, EdD)은 세계적으로 알려진 교육 컨설턴트이며, 매사추세츠에 있는 학교들에서 보조감독관으로서 교육의 선두주자이다. 교육과 행정 분야에 17년의 경력이 있는 그녀는 Boston University에서 교육과정과 교수법 박사학위를 취득했으며, UDL과 universally designed leadership을 알리기 위해 국내와 국제 워크숍을 설계 및 주최하고 있다.

Novak 박사는 베스트셀러인 『UDL Now! A Teacher's Guide to Applying Universal Design for Learning in Today's Classrooms』(CAST, 2016)와 『Innovate Inside the Box: Empowering Learners Through UDL and the Innovator's Mindset』(with George Couros, Impress, 2019)을 비롯해 이 책을 포함한 총 7권의 저자이다. Novak의 연구는 『Language』 『NAESP Principal』 『ADDitude』 『Commonwealth』 『Principal Leadership』 『District Administrator』 『ASCD Education Update』와 『School Administrator』, 그리고 『Huffington Post』를 비롯한 여러 매체에 소개되었다.

Novak의 UDL에 관련된 연구는 세계적으로 교사들에게 영향을 끼쳤으며, 그녀의 연구와 협업은 학생의 성취를 위해 반드시 필요한 교육적 프레임워크로 기초를 다지는 데에 크게 기여했다.

역자 소개

박윤정(Youn Jung Park, Ph.D.)
미국 Pennsylvania State University 특수교육학 박사
현 한국교원대학교 특수교육과 교수

한경근(Kyoung Gun Han, Ph.D.)
미국 University of Illinois at Urbana-Champaign 특수교육학 박사
현 단국대학교 특수교육과 교수

강은영(Eun Young Kang, Ph.D.)
미국 University of Texas at Austin 특수교육학 박사
현 중부대학교 특수교육과 교수

보편적 학습설계(UDL)와 함께하는
언러닝(Unlearning)
수업에 대한 생각과 실천의 변화!
UNLEARNING: Changing Your Beliefs and
Your Classroom with UDL

2023년 5월 20일 1판 1쇄 인쇄
2023년 5월 30일 1판 1쇄 발행

지은이 • Allison Posey · Katie Novak
옮긴이 • 박윤정 · 한경근 · 강은영
펴낸이 • 김진환
펴낸곳 • ㈜**학지사**

　　　　04031 서울특별시 마포구 양화로 15길 20 마인드월드빌딩
대표전화 • 02-330-5114　　팩스 • 02-324-2345
등록번호 • 제313-2006-000265호

홈페이지 • http://www.hakjisa.co.kr
페이스북 • https://www.facebook.com/hakjisabook

ISBN 978-89-997-2899-0 93370

정가 16,000원

출판미디어기업 **학지사**

간호보건의학출판 **학지사메디컬** www.hakjisamd.co.kr
심리검사연구소 **인싸이트** www.inpsyt.co.kr
학술논문서비스 **뉴논문** www.newnonmun.com
교육연수원 **카운피아** www.counpia.com